本書爲樂山師範學院「峨眉山史志文獻叢編整理」的最終成果之一

峨眉伽藍記校注

劉君澤　著
艾茂莉　校注

西南交通大學出版社
·成　都·

圖書在版編目（C I P）數據

峨眉伽藍記校注 / 劉君澤著 ; 艾茂莉校注.
成都 : 西南交通大學出版社, 2024. 5. -- ISBN 978-7
-5643-9851-4

Ⅰ. K928.75

中國國家版本館 CIP 數據核字第 2024L3F140 號

Emei Qielan Ji Jiaozhu

峨眉伽藍記校注

劉君澤 **著**
艾茂莉 **校注**

責任編輯	李 欣
助理編輯	李奕青
封面設計	原謀書裝
出版發行	西南交通大學出版社 （四川省成都市金牛區二環路北一段 111 號 西南交通大學創新大厦 21 樓）
發行部電話	028-87600564　028-87600533
郵政編碼	610031
網　　址	http://www.xnjdcbs.com
印　　刷	成都蜀通印務有限責任公司
成品尺寸	170 mm × 230 mm
印　　張	9
字　　數	156 千
版　　次	2024 年 5 月第 1 版
印　　次	2024 年 5 月第 1 次
書　　號	ISBN 978-7-5643-9851-4
定　　價	68.00 元

圖書如有印裝質量問題　本社負責退换
版權所有　盜版必究　舉報電話：028-87600562

前　言

我於二〇一三年七月來到樂山師範學院工作，非常高興能離世界著名自然與文化遺産樂山大佛和峨眉山這麼近。樂山大佛就在學院隔江斜對面，想去看的話，隨時能去。峨眉山就離得比較遠了，没買車的時候，還得坐公交車到峨眉，再坐旅游大巴上山，想要隨心所欲地轉轉，還是很難。所以，我跟峨眉山的緣分總是少了那麼一點。二〇一七年，與我校前輩陳俐老師一起合作策劃樂山大佛景區内的展陳設計。陳老師很偶然地問："你們做文史研究時，有没有聽過《峨眉伽藍記》這本書？不知哪裏能看到？"我當時一片茫然，《洛陽伽藍記》我是知道的，《峨眉伽藍記》還真没聽説過。後來我把此事記在心上，在各大圖書館的網站上找尋這本書的信息。比較幸運的是，該書的藏本還是很好找的，四川大學圖書館就有一本作者簽名贈予的《峨眉伽藍記》。二〇一九年九月，我的學生劉佳考取了四川大學古典文獻學的研究生，憑著近水樓臺的方便，我請她將此書全部拍照發給了我，這才有了我對該書的校點與整理。

當我翻開作者劉君澤爲此書所寫的序言時，心情很複雜。首先是撲面而來的宿命感，令我欷歔不已。劉君澤本來是一介儒生，因爲一九三〇年太虚法師朝禮峨眉，在大佛寺説法，劉君澤聞而生信，開始研讀佛經。一九三三年在廣漢任教的時候，又讀了《張克誠先生遺著》，并參禮新都寶光寺祥瑞法師，從此成爲了一名居士。由儒生到居士，再以本地人的身份四度周覽峨眉山，最終寫成這本《峨眉伽藍記》，劉君澤與峨眉山的緣分，何其深厚！

其次是羡慕，羡慕那種可以隨便參訪的自由。他沿著朝拜峨眉山必經的寺院依次觀訪，還旁及四鄉名寺。没有時間限制，没有門禁，一次拜訪不够，還有二次、三次、四次。他説在十年内四次遍訪峨眉佛寺，想我從來樂山至今，也剛好十年，却没能周覽，不覺愧甚。

再者是驚訝。當我看到文末署款爲"峨眉劉君澤翰萍自序於省立樂

山師範學校”的時候，我才知道他是敝校的老前輩。後來當我去查訪作者的履歷時，又知道了他曾在瀘縣中學工作過。我是瀘州瀘縣雲錦鎮人，高中就讀於瀘縣二中。這是什麼樣的機緣，才會輪到我來整理這本書！

想到在樂山地區以研究地方文史爲長的陳俐前輩都不知道在哪裏能看到此書，我很難理解爲什麼這本問世才七十多年的著作，在作者的家鄉都難以見到？後來收集資料時竟然發現連已故的敦厚長者、《樂山歷代詩集》與《樂山歷代文集》的編者毛西旁先生，所擁有的也不過是此書的輾轉複印本，一種悲涼感瞬間在心中蔓延開來。

作者在自序中說：“長育于此土而昧昧於名山，茫然於此土之賢德，於心有惶愧焉。”因心惶愧而搜集文獻，實地踏勘，幾易其稿又自費刷印，終成此書！此可謂成就名山事業，不負名山矣！可惜的是，山靈不佑善者，何其荒唐！

書稿校注完成後，我四處尋找與作者事迹相關的資料。没想到這個工作已有著名學者朱清時先生完成了。他在系列微博《峨眉叢考》之一《劉君澤與峨眉伽藍記》裏写到[一]，找到了一九八三年李紹楷爲劉氏撰寫的人物介紹，这是迄今關於劉君澤較早且全面的介紹，也是對《峨眉伽藍記》成書經過交待得最清楚的材料，故全文抄録於後，原文之訛字則的正文改之，脚注出校，標點不妥處徑改。

劉君澤字翰萍（1905—1952），峨眉燕崗泉水塘人，1933 年畢業于四川大學中文系，在校時除文學之外，喜讀周秦諸子之學及宋、明理學。畢業後，歷任廣漢、峨眉、瀘州、樂山等地初級中學、女子師範學校國文、史地教員、教導主任。1930 年秋，翰萍因家庭經濟發生困難，自請休學一年，任峨眉中學歷史教員。當時太虛法師來禮峨眉山，説法於峨眉城東大佛寺。翰萍前去聽講，因聞法生信，便請經讀之[二]，佛家哲理，始有所悟。1933 年，川大畢業，任廣漢中學國文教員時讀到《張克誠先生遺著》，又去禮拜新都寶光寺，請祥瑞法師開示[三]，從此正式開始鑽研

[一] 按，朱先生原文誤“君”作“軍”，今改之。文章發佈於二〇二二年三月二十八日，網址爲：https://weibo.com/ttarticle/x/m/show#/id=2309404752022779068479&_wb_client_=1.

[二]“請”，原誤作“清”，據文義改。

[三]“請”，原誤作“清”，據文義改。

佛學。以後，節資購置各種佛書幾十餘種。每有閑暇，輒捧讀之。如《蜀高僧傳》《成唯識論》《翻譯名義集》[一]，凡有關佛教史與佛學理論之古今論著，均廣爲搜羅，潛心研讀。并常口誦《心經》與《金剛經》以涵養身心[二]，儼然佛家子弟[三]。一日，偶得一書，誦而慕之。該書不但文章濃麗秀逸，而且保存了北魏時佛教故事，與洛陽佛寺之珍貴資料。因此念及峨眉，進而查閱峨眉舊志，多所失亡，存者殘闕，心殊不快。自是有志效楊衒之撰《洛陽伽藍記》之體例，撰寫《峨眉伽藍記》。1935年[四]，劉君澤開始從事搜集，舉凡《四川省志》《華陽國志》《嘉定府志》《重慶府志》[五]，以及樂山、峨眉[六]、夾江、洪雅、丹稜、眉山、青神、犍爲、峨邊等十餘縣縣志，無不收羅遍覽，詳加稽考[七]。其他如報章雜志、零星游記，凡有關峨眉者，輒録存之。1939年下半年，在家整理峨眉山史料，兩次上山考察。1941年下半年，在家編撰《峨眉伽藍記》，第四次上山，印證史料。《峨眉伽藍記》初稿，第一次脱稿。1942—1944年，將稿本送朋友審閲，徵求各方面意見。1944—1945年，任峨眉縣民教館館長，在兩年期内，《峨眉伽藍記》定稿。1947年，最後審定《峨眉伽藍記》，交樂山誠報印刷所付印。由其弟劉君照校對，九月正式發行。全書共印一千册，純係自費。先裝訂三百册，分贈樂山、峨眉、川大圖書館。以及峨眉、樂山、夾江一帶同學或同事，餘七百册未及裝訂成書，寄放樂山土橋街萬安藥房，成爲零售藥包裝紙，全部廢棄。《峨眉伽藍記》[八]，從1931年算起，到1947年成書，可謂讀書千卷，披閲十載[九]。爲文雖只八十篇，但能起到"訂訛補闕"之旨，亦屬難能可貴。《峨眉伽藍記》流傳至今，成爲考查峨眉山寺廟史之必讀資料[十]，縣圖書館、縣文管所、縣志編纂辦公室，均有此書之影印本。

[一]"識"，原誤作"漢"，據本書準確題名改。

[二]"常"，原誤作"賞"，據文義改。◎"剛"，原誤作"鋼"，據此經準確題名改。

[三]"家"，原誤作"冢"，據文義改。

[四]"3"，原作"8"，顯誤，據文義改。

[五]"華陽國志""嘉定府志"兩"志"字，原皆誤作"治"，據二書題名改。

[六]"峨"，原誤作"嶒"，據文義改。

[七]"加"，原誤作"如"，據文義改。

[八]"記"，原誤作"紀"，據書名改。

[九]"閲"，原誤作"門"，據文義改。

[十]"料"，原作"科"，據文義改。

此文的記載大致説明了劉君澤編纂該書的經過，但略有不確之處。劉氏自序署款爲“中華民國三十六年丁亥九月”，“脱稿三年矣，今秋得閑，再度校閲”，由民國三十六年逆推三年，則脱稿於民國三十三年（一九四四）。自序又云“閲時十載，積成巨帙”，則再逆推十年，從事資料收集應在一九三四年。

往者往矣，鈎沉這些歷史，能起到什麼作用呢？真能讓來者永志不忘嗎？也許，該永志不忘的，是劉君澤留下的這本《峨眉伽藍記》吧。

二〇一七年，我整理了《譯峨籟》一書，對峨眉山的歷史有了一些基礎認識。後來又參與整理釋印光《峨眉山志》，一路讀下來，到了《峨眉伽藍記》這裏，基本上掌握了該書的史料來源。現對此書之特點略叙如下：

文獻并重。蔣超《峨眉山志》、印光《峨眉山志》專闢“寺觀”一門，對峨眉山的佛寺進行介紹，但蔣超本非常簡略；印光本因襲蔣超本，難有拓展與創新。因此，關於峨眉山佛寺的歷史記載儘管有一些，但不够豐富、詳備。劉君澤在綜合參考蔣超與印光《峨眉山志》的基礎上，親自采訪寺僧，對相關佛寺的淵源、變革有深入的瞭解，做到了文與獻的并重，尤其是保留了民國時期這些寺廟的生存現狀，是非常重要的史料！如描述大佛寺云：“己卯（1939），故宫博物院遷駐其中，誅除草萊，修補破敗，貯藏古董，禁衛森森，游人不得瞻禮也。”這條材料記録了故宫文物西遷後保存於峨眉山佛寺的史實。

古今貫通。對於劉君澤來説，要描述峨眉山佛寺在民國時期的狀况，不是難事；但他却將資料收集的範圍拓寬到諸多前人游記當中，細緻而縝密地梳理這些寺廟在歷史塵埃中的面貌。這是借古人之眼給我們展現峨眉山佛寺的舊貌，拓寬了我們的研究視野。比如在描述聖積寺時，就先後引了明代胡世安《峨眉山道里紀》、陳文燭《游峨眉山記》對該寺的記載。這些徵引，也爲我們收集與整理峨眉山游記文獻提供了重要的綫索。

史地相輝。峨眉山的佛寺在民國時期因戰亂等因素逐漸頽敗，有不少古寺已經荒廢，很多甚至連遺迹在哪裏都難以尋覓。但《峨眉伽藍記》詳叙了劉氏踏訪的路徑，以及寺廟周圍的一些標志性景點，對我們今日踏訪遺迹提供了重要的參考。比如在描述已經損毁的會燈寺時，他就明

確告訴我們:“寺外五十三步，峻阪險窄。明蜀獻王下輦步行，後人重之，步備一凳，計其步數。寺左有寶掌、香爐、白巖、黄帽、赤城、玉女諸峰，逶迤相屬，斜走東南。右則萬年、金龍、白龍、龍門諸山，秀嶺蜿蜒，直走東北。”這就體現了史學與地理學的交相輝映，大大提升了該書的參考價值。

三位一體。對於一個寺廟而言，興建歷史非常重要，而住錫其中的寺僧及其著述亦非常重要，三者體現了三寶的融合，即僧人在寺中弘法、證佛。劉君澤充分認識到了寺僧及其著作對於一個寺廟歷史的重要性，因此，他非常關注高僧們的修行及著作。比如描述報國寺時，歷載了宋僧别峰、祖覺、清僧德輝、實如、鐵頭和尚、紫芝等人的經解與語録著作，這對於研究佛教經典目録有重要參考價值。

當然，全書最重要的是宗教學價值，這是它的基本性質决定的。本書詳細記録了峨眉山僧人的主要籍貫，探討了他們爲何會出家；同時還根據實地采訪的綫索，保留了不少寺院僧人的法派譜系；作者以游客身份親自去寺院考察，見識了不同僧人對他或熱情或冷淡的態度，記録了僧人對於雲游僧與游客的接待情况；還記録了山民依附寺院售賣各類農産品的情况，這些資料對於我們研究峨眉佛教有重要參考意義。前人蔣仲達在《峨眉文史》第四輯中，撰寫了《〈峨眉伽藍記〉讀後》一文，對該書做了高度評價，希望後人能重視該書。嗚呼！蔣先生撰此文在一九八八年，距今又三十五年矣！在峨眉山被打造爲世界級旅游目的地的今天，我們只能將這本并未全部裝訂、廣爲流傳的著作進行整理與再版，方不辜負作者那一腔熱血與苦心吧！

此次整理，我們主要做了四個方面的工作。

校勘文字。該書篇幅不算太大，但原書刊印品質不是很高。除了書末所附的刊誤表已經指出的錯誤，還存在不少文字錯訛。由於這是一部版本單一的著作，無法用最基本的對校法來處理，只能根據文獻資料來源，利用他校法，全面網羅所引文獻的善本進行參校，糾正文字錯誤。

補正出處。該書對相關寺廟的建置沿革進行描述時，往往不説根據；在對寺廟的住錫僧人進行介紹時，也不説資料來源；儘管羅列了不少游覽峨眉山且留有題詠與游記的著名人物，但對相關作品的存佚狀况也無交代，甚至連作品名稱也不提供。這些信息的闕如，不便於我們利用該

書。因此我們花費了大量精力，查找各種相關史料，進行資料出處的補正。

考辨舊誤。蔣超與印光的《峨眉山志》有不少錯誤，這兩本書已在我們的研究範圍之内，構成了此次深入研讀《峨眉伽藍記》的基礎。再加上以前整理胡世安《譯峨籟》的一些發現，對《峨眉伽藍記》因襲舊誤的問題加以處理，也就比較容易了。

注解疑難。這部書雖然在民國時期問世，但却是用文言文寫成，書中涉及峨眉山的大量典故，不少民國時期的僧人和政治人物，生平不顯。因此，我們查閲諸多資料，對於理解文義有疑難的地方以及衆多人物的生平事迹做了注釋。

劉君澤作爲鄉人、居士，以高度的責任感完成此書。我只是個無名之輩，因爲偶然的機緣，且暫無賢達出手整理此書，也就率爾操觚了。我本身不研究佛教，書中涉及的僧人資料也難以查找，故而這次整理仍存在不少缺憾，只能懇請讀者見諒了！讀君澤之書，懷君澤其人，足矣；贅餘之校注，若能偶有一助，則幸甚至哉！

最後，感謝劉佳同學拍攝底本全文，感謝朱清時前輩對劉君澤生平資料的挖掘以及對此書的推介，感謝劉君澤之侄劉萬中先生提供的相關信息，感謝編輯同志的辛勤付出！

艾茂莉

二〇二三年三月廿一日識於樂山

凡　例

一、本書版本單一，以四川大學圖書館藏作者簽名版爲底本。文字校對首先以書末所附刊誤表爲據，餘者則參校原書之徵引著作。

二、底本之異體字、俗字、通假字等徑改爲通行繁體字。常見形近訛字，如“己、已、巳”之互混，則徑改爲正確文字，不出校勘記。“詠”字因宋人張詠名諱之故，不用“咏”字；“巖”字因“巖巖”一詞，不用“岩”字，儘量保持全書用字統一。

三、原書夾注文字小五號字符排版，原書用小括號標注之文字則一仍其舊。

四、采用先校後注、校注合一之模式。注釋以考察書中所涉人物生平、資料來源爲主，同時考辨舊聞之誤、補正故説之缺。

五、關於原作者生平的相關資料，以圖、文形式作爲附録放在書末，以便學者查用。

目　録

峨眉伽藍記自序

庚午秋，太虛法師朝峨眉山[一]，説法於城外大佛寺，僧俗聽者千人。余聞法生信，因請經讀之。癸酉秋，任教廣漢，得讀《張克誠先生遺著》[二]。禮寶光寺，因便請祥瑞法師開示[三]，自是習静焉。

嘗念峨眉山爲佛教聖地，自我始祖勤公以來，衣食於名山之麓者，十有四世矣。長育此土而昧昧於名山，茫然於此土之賢德，於心有惶愧焉。舊志佚亡，存者殘闕，爰從事搜集。如史、如集、如方志、如游記、如報章雜志，有關峨眉，輒録存之。且游訪峨眉，計凡四度。勝峰之外，兼訪四鄉，旁及鄰邑。古寺名祠，足迹殆遍。凡鐘之銘、磬之引、橋頭之碣、棟梁之題、佛背之刊刻、僧家之譜系以及殿闕塔亭、銅佛塑像、經藏字畫、隱逸高人等，并紀其要。

[一] 太虛法師：浙江桐鄉人，俗姓張，乳名淦森，學名沛林，法名唯心，後字太虛。生於光緒十五年（一八八九），卒於民國三十六年（一九四七），世壽五十九。太虛入蜀禮峨眉，乃受四川佛教協會之邀。據《太虛法師年譜》，一九三〇年五月二十八日，“四川佛教協會來電，觀（疑當作‘歡’——筆者注）迎大師入川宏法。以本年初以來，劉文輝以私事致嫌隙，提賣寺産，防區以内四十五縣，悉遭摧殘”。蓋四川佛教協會欲借重太虛法師以斡旋此事并提振四川佛教也。同年十月九日，“大師抵蓉，駐錫文殊院”；十三日，“大師偕曾普馨等赴峨眉，瞻禮普賢道場。十八日，至接引殿。凡所游禮，悉紀以詩，存‘自成都至峨山用譚峰峨圖記勝三六韻’。下山，至峨眉縣佛教會，就游觀所得，講《峨山僧自治芻議》，以貢僧衆參考”；二十四日，“大師還成都道中，經嘉州，游大佛、烏尤諸勝。翌日，於嘉州公園佛學社講《改善人心之漸教》，克全記”。此即太虛大師入川禮峨眉之大概也。

[二] 張克誠：名炳楨，字克誠，以字行。晚號净如居士，四川廣漢人。生於同治四年（一八六五），卒於民國十一年（一九二二），世壽五十六。詳《張克誠先生遺著》之《張克誠先生傳》。劉君澤所讀《張克誠先生遺著》，即蔣維喬等所編定者，書末有民國十一年五月蔣氏跋語。又，癸酉秋，當一九三三年。

[三] 祥瑞法師：《中華佛教人物大辭典》稱其生於一八九一年，卒於一九五一年，曾任揚州高旻寺住持，一九三九年到什邡羅漢寺任方丈。據《雪域求法記：一個漢人喇嘛的口述史》第二章《入藏緣起》，祥瑞法師爲揚州人，修“般舟三昧苦行”。又據《什邡文史資料》第十一輯《羅漢寺昔年一段公案》所載，此僧曾任天童寺住持。目前暫未見對此人事迹詳細考察之成果，劉君澤稱禮寶光寺而請法師開示，則此僧應該在新都寶光寺住過。

閲時十載，積成巨帙。因仿楊衒之所作，以寺名篇。搜集史材，分隸各寺。首城内附郭，次依朝峨眉山必經寺院序列，次及四鄉名寺。爲文八十篇，計四萬五千零五十一言，題曰《峨眉伽藍記》。旨在訂訛補闕，莊嚴名山。有關佛法，必詳述之，非佞佛也；傅會聖迹，必明辨之，恐誣佛也。至其有關縣志者，則隨文附記焉。

脱稿三年矣，今秋得閑，再度校閲。自以言雖不文，而勝峰史迹不可廢，乃交涉鉛印。囑吾弟君照校字，承鄉人朱賢能、謝瑞書、楊瑞五、魏瀛東、萬于一諸君鼎助，永銘感焉。

余自聞法以來，思有以不負名山者，而願竟不違，於心良慰。惟參考未周，難免遺漏。大雅君子讀而正之，願受教焉。

中華民國三十六年丁亥九月

峨眉劉君澤翰萍自序於省立樂山師範學校

自題《峨眉伽藍記》絶句五首

文人自昔好游觀，此卷收羅有萬端。
方志無稽從闕略，名山著述古來難。

尋碑訪古走深山，歷盡千山與萬山。
掃盡蘚苔又剥蝕，慨然獨立亂峰間。

訪罷叢林只喟然，宋明御賜不流傳。
佛家經藏塵封鎖，更説高僧已出川。

鐘銘磬引僧家譜，橋碣梁題佛背文。
檢校勝峰真史迹，訛傳省得日紛紛。

七天原在此山間，佛法西來奉普賢。
我自莊嚴佛净土，任人責備不周全。仙家稱峨眉山爲第七洞天。

普賢聖迹

梵語“三曼多跋陀羅”，“三曼多”，此云“普”；“跋陀羅”，此云“賢”。《大日經疏》云：“普賢菩薩者，‘普’是遍一切處，‘賢’是最妙善義。謂從菩提心所起願，行及身、口、意三業，皆遍一切處[一]，純一妙善，備具衆德，故以爲名。”

《悲華經》云：“有轉輪聖王，名無諍念，即阿彌陀佛。王有千子，第一太子名不眴，即觀世音菩薩；第二王子名尼摩，即大勢至菩薩；第三王子名王衆，即文殊菩薩；第八王子名泯圖，即普賢菩薩。”[二]

第八王子泯圖白佛言：“世尊！我今所願，要當於是不净世界修菩薩道。復當修治莊嚴十千不净世界，令其嚴净，如青香光明無垢世界。亦當教化無量菩薩，令心清潔，無有垢穢，皆趣大乘。”[三]

普賢菩薩告諸菩薩：“若欲成就如來勝功德門，應修十種廣大行願。何等爲十？一者禮敬諸佛，二者稱贊如來，三者廣修供養，四者懺悔業障，五者隨喜功德，六者請轉法輪，七者請佛住世，八者常隨佛學，九者恒順衆生，十者普皆回向。”此即《普賢菩薩行願品》。

印光法師《峨眉山志》有云：“普賢菩薩以法界藏身，無往不在。又恒順衆生之願，無感不應。峨眉從漢以來二千年，大小寺宇莫不崇奉普賢菩薩。四方信士禮敬普賢者，亦莫不指歸峨眉。則此山爲大士應化之地，更復何疑？正不必有經文作證也。况大士隨緣赴感，如月印千江，一勺一滴無不見月；似春來大地，一草一木無不逢春。縱有經文指菩薩

[一]“遍”，原作“徧”，據《大日經義疏》卷一改。

[二] 按，此段引文原出《悲華經》卷二《大施品》之一，此處係據印光本《峨眉山志》卷二轉引者，與原經文略異。

[三] 按，此段引文原出《悲華經》卷四《諸菩薩本授記品》之二，此處亦係據印光本《峨眉山志》卷二轉引。

住處在峨眉，豈其應化即局於峨眉？故自劉宋以來[一]，大士應化事迹，不限方所也。”

[一]“故自劉宋以來”，印光本《峨眉山志》卷二《應化》作“試觀歷史所記”，劉君澤蓋因印光所舉普賢應化例證始自劉宋而改。本段其餘文字劉君澤亦偶有因行文需要而更動者，無傷大雅，不煩出校。

峨眉伽藍記目録

[一]“守”，原作“史”，據刊誤表改。

[二]“蓮花社”，原作“社蓮花”，據刊誤表改。

永明華藏寺　　福登金殿

附一：新殿　附二：寶光、聖燈　附三：金頂遠眺

卧雲庵

明心寺

千佛頂

萬佛頂

華嚴頂　　以下由古道下山

初殿　　傳蒲公見鹿足迹處

長老坪　　宋懷古禪師卓錫處

息心所　　清德輝禪師卓錫處[一]

觀心庵

萬年寺　　宋鑄普賢銅像乘六牙象　明建磚殿

附：極樂寺

黑水寺　　虎跳橋

金龍寺

白龍寺

附：龍門洞

新開寺　　西人避暑處

彌陀寺　　以下四鄉名寺

伽藍寺　　古綏山縣址

慈雲寺　　宋代銅佛

靈巖寺　　隋寶掌和尚卓錫處

西禪寺　　隋置峨眉縣治　西禪和尚卓錫處

大覺寺　　古羅目縣址　猪肝洞

龍虎院

蟠龍寺　　唐慧覺禪師卓錫處[二]　唐時驛道

[一]"禪師"，原誤倒，據上一條用例乙正。
[二]"覺"，原作"惠"，據刊誤表改。

回向偈[一]

願以此功德，莊嚴佛净土。上報四重恩，下濟三途苦。

若有見聞者，悉生清净心[二]。盡此一報身，同生極樂國。

[一]“偈”，原作“偶”，據刊誤表改。

[二]“悉”，原作“共”，據刊誤表改。

峨眉伽藍記

峨眉劉君澤翰萍撰　　弟君照鏡蒼校

峨眉縣一

漢犍爲郡南安縣地，隋開皇十三年始置峨眉縣[一]。漢犍爲南安直至蕭梁無改易，周改南安曰平羌，隋改曰峨眉，并今樂山城。開皇十三年改稱青衣[二]，乃别置峨眉縣於峨眉山下。縣境西控邛部，東望嘉陽，地域遼闊，庶民鮮少。夷居西鄙，時叛時服。隋大業十一年，招慰生羌置綏山縣；唐麟德二年，招慰生獠置沐州及羅目縣[三]。久視元年，析綏山縣置樂都縣[四]。三縣一州皆在縣境，先後省廢，并入峨眉。歷年久遠，文獻闕焉，廢縣舊址已無可考，縣之四至更難詳焉。自宋至元，鄉閭之劃分，保甲之編制，稽考無由，付諸蓋闕[五]。《縣志·雜著》云："縣舊分立六鄉，各以勝概顔之。翔鳳鄉在縣西南，有山名石鳳岡，額以翔鳳，象朝陽也。易林鄉在縣東南，平原膴膴，松竹交翠，額以易林，茂烟雨也。合江鄉在縣正南，兩江會合，光彩澄清，額以合江，昭夜月也。泥溪鄉在縣正北，有溪名泥，鄉人利

[一] 按，此説與《隋書·地理志上》所載相合。《太平寰宇記》卷七四則云："開皇九年（五八九）立峨眉縣，以山爲名。"

[二] 按，此説不知所據，或誤。據《太平寰宇記》卷七四，今樂山所在地即舊南安縣，"周武帝保定元年（五六一）於此立平羌縣，仍置平羌郡。隋開皇三年（五八三）罷郡爲嘉州，四年改爲峨眉縣，九年改爲青衣縣，取漢青衣縣爲名。十三年改爲龍游，隋伐陳，有龍見江水引軍而改名"。《元和郡縣圖志》卷三一所載亦與《太平寰宇記》同，則嘉州之龍游縣曾稱青衣縣，改名之時在開皇九年；而峨眉山脚下之峨眉縣不曾改名青衣也。

[三] "沐"，原作"沭"，形近而誤，據《元和郡縣圖志》卷三一及《舊唐書·地理志四》改。按，此處所言行政建置，與《元和郡縣圖志》等所載相合。

[四] 按，此説本自《新唐書·地理志六》。

[五] 蓋闕：義同"闕如"，語本《论语·子路》"君子於其所不知，蓋闕如也"。

以灌溉，額以泥溪，盛春水也。雁門鄉在縣西北，有樓傑出孔道，可以眺遠，額以雁門，明秋色也。虹溪鄉在縣正東，溪映夕暉，如虹飲水，額以虹溪，暉夕照也。”明代設鄉，其可稽者大較如此。順治元年甲申以後，明將楊展將近州處所并銅山、沫東、茶土溪等處及楊鎮以下田地丈入嘉定州版圖。故縣惟存翔鳳、雁林、泥溪，合歸化者爲四鄉，鄉分十二里，里各有長。嘉慶戊辰，設撫夷廳，廳所轄地，實峨眉之太平堡、峨邊甲也[一]。民國二年癸丑，置峨邊縣，而大爲以西不復屬縣。疆域縮減，非復昔日之遼闊也。

今縣地域在北緯二十九度三十一分，東經一百〇三度四十一分，北連夾江，西與西北接洪雅，西南控峨邊，而東北與正東、正南咸鄰樂山。廣袤里數，則西南至東北可百六十里，西北至東南可百餘里，東距西南、距北并百里左右而已。縣屬鄉場十三，曰：青龍、雙福、九里、龍池、燕岡、南天廟、太和、冠峨、龍門、沙溪、大爲、普興、復興是也。鄉鎮公所十七，曰：綏山、瞻峨、燕崗、桑園、九里、太和、雙福、普興、石佛、復興、冠峨、青龍、黄岡、龍池、大爲、龍門、沙溪是也。鄉有鄉校，峨眉山踞其西南。餘則平原沃野，縱横數十里，産物豐盛，有小川西壩之稱。自成嘉公路於夾江分築支路，經縣城直抵山麓，而樂西公路自東方來會於南門，交通之便，遠非昔比。文物昌明，正未有艾也。

峨眉縣二

唐、宋、元、明四代中，峨眉户籍無法稽考。明正德間，創修邑乘，當時丁口亦未記載。清嘉慶時，闔邑丁口不及六萬[二]。宣統時，幾達十四萬[三]。今又卅年矣，而人民僅十五萬有奇，即生齒之數，可以覘社會之升降矣。縣人追述本源，云自湖廣上川者，十恒八九。説固有徵，殊

[一] 按，此前所叙峨眉縣建置情況，皆本自嘉慶《峨眉縣志》卷一〇《雜著》，加引號部分爲直接引用者；未加引號部分則有改動。

[二] 按，此説本自嘉慶《峨眉縣志》卷三：“現在嘉慶十七年（一八一二）報部，實在承糧花户貳萬陸仟叁佰柒十肆户，人丁伍萬柒千捌佰玖拾丁。”

[三] 按，此説本自宣統《峨眉縣續志》卷三：“至宣統元年（一九〇九），彙計保甲清册户約三萬零九十五户，丁約一十三萬一千一百零一丁。宣統二年奉文派員調查户口人丁確數，查得縣屬實在有户三萬一千四百七十八户，丁一十三萬九千三百三十八丁口。”

昧其詳，請先言全蜀。

嘗稽蜀在上古，戎狄居之。漢人入蜀，史頗略漏，静言思之，猶可詳焉。或移民實蜀，昔秦惠王伐蜀，移關中民以實之，今夾江有古涇口是也。或以峨眉金口河作涇口，爲秦民思秦涇水處。或令民就食蜀、漢，漢興，接秦之弊，民失其業，大飢，米石五千，人相食，高祖令民就食蜀、漢是也。或以逃亡，尸子佼、卓王孫之祖先是也。或以罪遣，吕不韋、彭越、淮南王等遠徙於蜀是也。或流人寄食，李特領流人十數萬以據蜀僭號是也。或興兵入蜀，桓温以下十數役，每禍亂敉平，愛其山水，留居蜀國者，不可勝數。至於宦游兩川，因卜家焉；商旅三蜀，稽留不歸者，比比皆是。而夷人漢化無法審計也。

元末，湖廣隨州人明玉珍僭號西蜀，堅拒朱明。太祖怒，必欲得隨州人盡誅之。玉珍部屬咸自陳籍隸麻城孝感，蓋以避難也。故蜀人至今猶傳祖籍爲麻城孝感焉。明、清之際，獻賊屠蜀，民無孑遺。康熙十年辛亥，川湖總督蔡毓榮以蜀省有可耕之田而無耕田之民[一]，請准民入蜀開墾。帝許之，且定墾荒入籍條例。於是秦、楚之民携家入蜀，而楚人尤多，不下數十萬。故湖廣之民徙填天府，計凡二次，而康熙之際獨爲最多。蜀人祖宗本源約略如此。

峨眉僻在蜀之西南，非攻守必争之地。蔡毓榮曰："自兵火以來，蜀民鮮有孑遺。而嘉、眉、邛、雅以南獲稱安堵。"[二]故明遺民多有之。查邑中有湖廣、廣東、陝西、福建、江西、貴州六省會館以及福建林氏、江蘇張氏、河南謝氏、浙江金氏、關中李氏、雲南周氏，可考信者共有十二省，固不僅湖廣也。縣人男耕女織，衣食餘饒，質實淳厚，安土重遷。貧者負販，每走越嶲、西昌、會理，或深入雲南，留居不歸者隨處有之，蓋無能得其大概也。

邑中姓氏，有韓、阮、師、明、顏、賀、童、譙、包、辛、鞠、駱、傅、尹、翟、練、張、王、羅、黄、趙、彭、袁、林、馬、劉、楊、苟、

[一]"榮"，原作"雲"，因四川方言"榮"音同"雲"而誤，今據《清史稿》卷二五六本傳改。後文此人名字之誤徑改，不再出校。按，蔡氏爲漢軍正白旗人，字仁庵，祖籍錦州，康熙九年（一六七〇）任四川、湖廣總督。又，此處所言蔡毓榮上奏之事，見《清朝文獻通考·田賦考二》："又定四川墾荒升用例，時以川湖總督蔡毓榮言'蜀省有可耕之田而無耕田之民'，敕部議定招民開墾之例，以五年起科。"

[二]按，此處引自蔣超《峨眉山志》卷九《游峨眉山記》。

朱、徐、許、陳、李、萬、汪、方、梁、鄧、伍、吴、宋、藍、高、謝、蔡、廖、熊、龔、席、姚、艾、雷、周、鄒、秦、堯、曾、盧、白、簡、季、龐、余、鄭、饒、何、杜、江、姜、夏、蔣、范、和、任、宿、黎、邱、沈、祝、鍾、幸。

峨眉縣三

峨眉人民以稻穀、御麥爲主要糧食。清康、雍、乾三朝，清丈升科之地，實征糧五千八百九十九兩一錢六分；嘉慶戊辰（十三年）設撫夷廳今峨邊縣，割劃疆域，惟存糧五千三百七十三兩四錢[一]。年慶大有，可産鮮米十五萬雙石之譜，御麥十萬雙石有奇。現有人民十六萬，年食鮮米十八萬雙石，不敷之米三萬雙石之譜。故石佛、復興、大爲、龍門、龍池、沙溪、雙福諸鄉山居之民五萬有奇，食御麥者十之八，貧者且雜食苕、芋矣。若歲逢飢饉，則凍餒之人不可稱數，親民之官宜措意焉。嘗稽邑之米穀販運出境，大抵入樂山、轉犍爲。收受之處，符鎮爲最，豐都廟次之，蘇稽又次之，共計出口之米不及一萬雙石，而客籍業主收穀計米不在此數。

或疑峨眉人民食之有餘，故售諸樂山。實則産米之區毗連樂山，負販利其厚價也。至於御麥有餘，擔售於市，農家以之飼猪，酒家以之釀酒。飢饉之歲，井、仁負販争往購運焉[二]。故計量財富，居深山者，準於御麥，富者無過六百背；居平原者，視乎穀石，千石之家寥寥無幾。

如論佐膳之物，若肉則猪、鷄、牛、羊、魚、鱉之屬，而猪肉爲常。蓋農家養猪積糞，故猪恒肥碩也。

若菽則有黄豆、白豆、菉豆、茶豆、褐豆、伴豆[三]、蕎豆、白毛豆、花腰豆及胡豆、蠶豆、豌豆[四]、紅豆、土蠶豆等，大量之豆産於山中。

若蔬則有油菜、白菜、菠菜、莧菜、萵苣、芹菜、茼蒿、蒟蒻、刀

[一] 按，此説本自同治《嘉定府志》卷一八《田賦·峨眉縣》。
[二] 井、仁：井研縣與仁壽縣。
[三] 伴豆：此名見嘉慶《峨眉縣志》卷三《食貨·物産》，不知所指爲何。
[四] “豌”，原作“碗”，形近而誤，據嘉慶《峨眉縣志》卷三改。

豆、扁豆、蘿蔔[一]、莙薘 以及葱、韭、薑、蒜、番椒、葫荽、茄、笋、葵、藿、韲、巢等。薑、笋與蒟蒻産於大山，餘則家家有之。

若蓏則有菜瓜、甜瓜、金絲瓜、西瓜、瓠瓜[二]、冬瓜、南瓜、苦瓜等，隨處有之。凡此諸菜，峨眉之産輸出者少，且求供鄰邑焉。

至於飲料，則峨眉之茶名滿西川。雨前、雀舌行銷成都；次則毛尖，售諸鄰邑；老葉粗茶捆載成莊，運銷康藏或遠入滇西[三]。

至於峨眉名産，白蠟、黄蓮，行銷各省，且及外洋焉。

其餘麥可爲餅，僅曰點心。𪎭粱作酒，時以享客。然非關民食之重，兹不贅云。

峨眉縣四

隋置峨眉縣治，已不可知。今之縣治，乃唐置也。唐乾德（或作乾元）三年[四]，獠叛，移就峨眉觀東，樂史以爲即今理。

縣城踞全境之東北隅，高出海面約三百六十公尺。初爲土城，周匝八里，高纔一丈，即堰爲池以環繞焉。明室著令，“郡縣有衛有所[五]，始有城。蓋要害必屯兵[六]，屯兵必設備，備無逾城也。故有城以爲之備[七]，餘雖大郡縣，弗城焉”。

正德三年戊辰，蜀民爲盗[八]。“弄兵潢池，竊發萑苻，勞重臣而後定。

[一] 蘿蔔：同“蘿蔔”，古籍中此寫法常見，嘉慶《峨眉縣志》卷三即作“蘿蔔”。

[二]“瓜”，原脱，據前後文用例補。

[三]“入”，原作“八”，形近而誤，據文義改。

[四] 按，此處稱唐乾德三年，因襲嘉慶《峨眉縣志》卷二而誤。《太平寰宇記》卷七四作“乾元三年”，是。據《中國歷代年號考》，唐初輔公祏割據江淮有乾德年號，但起止不詳，也不會爲西蜀所用；其後則前蜀後主王衍及宋太祖有乾德之號，故稱乾德三年顯誤。

[五]“郡”，原作“群”，乃據同治《嘉定府志》卷四四所收張鵬《洪雅縣修城記》而來，今據嘉靖《洪雅縣志》卷五張鵬《修城記》改。

[六]“害”，原作“隘”，據嘉靖《洪雅縣志》、同治《嘉定府志》改。

[七]“之”，原無，與《嘉定府志》同，據《洪雅縣志》補。

[八] 按，此蜀民爲盗事，雍正《四川通志》卷二九下《僭竊》“藍廷瑞”條云：“誉山人，正德三年（一五〇八）與湖廣崔蓬頭及大寧竈丁鄢本恕、廖麻子等聚衆圍大寧。縣令李睦斬蓬頭，廷瑞率餘黨攻巴縣，尋劫誉山，殺僉事王源。巡撫林俊招之降，而總制洪鐘邀殺廷瑞、本恕等。林俊致仕去，廖麻子復屠劍門，陷利州、梁山等處，尋亦受撫被殺。同時保寧賊劉烈、江津賊曹甫、方四、麻六兒等亦相繼劫掠，官軍先後討平之。”詳細情况可參《明史紀事本末》卷四六《平蜀盗》。

然當時有城皆不陷，重臣議曰：‘備無逾城也。’已因便宜下令所司[一]，雖無屯兵，皆城焉。”正德壬申，僉事盧翊督知縣趙鉞因城基址砌築以石[二]。丙子，知縣吴廷璧復有修築[三]，周五百四十一丈，高一丈八尺。

嘉靖十九年庚子，知縣崔炯復於城上漫鋪江石，城之内外闢巡視道。初纔四門，門有譙樓。東曰文昌門，南曰瞻峨門，西曰武振門，北曰觀瀾門。若東南之迎恩門，西北之拱辰門[四]，則崔炯增闢也。自斯以往，迄於崇禎，百年之間，傾圮者半。經獻賊之禍，而崩墜益甚。

康熙初年、雍正九年辛亥，兩度修葺，粗還舊觀。架橋於濠間，作樓於門上，壯麗堅好，過者賞覽焉。乾隆三十五年辛卯，知縣劉璐又增築焉[五]，城益高厚也。新其城樓，且更門名，東曰東暘，南曰南薰，西曰挹爽，北曰拱辰[六]，東南曰育賢，西北曰迎波。咸豐九年己未藍逆之亂[七]，築炮臺四，其餘修補破敗、無改舊觀者不贅也。街惟四，東西南北是也。東北二街，西南二街，各成丁字。北街過東街口之段爲江西街，

[一]“已”，原無，據《洪雅縣志》《嘉定府志》補。

[二]“盧翊”，原作“羅翌”，應是據嘉慶《峨眉縣志》卷二“羅翌”而誤，今據嘉靖《四川總志》卷一、雍正《四川通志》卷六“盧翊”條等改。《四川通志》小傳云：“盧翊，常熟人，正德八年（一五一三）任僉事。成都之田皆資灌口堰水，近源淤塞，民稱病。翊采衆議濬之，澤潤數百里。歷升副使。藍廷瑞等叛，翊督修城垣二十餘所，民得免鋒鏑云。”又按，《四川通志》稱盧翊正德八年任四川僉事，有誤，不可能八年任僉事而七年（壬申，一五一二年）就督人築城。據《明武宗實録》卷六八，正德五年（一五一〇）十月壬子，即升盧翊爲四川僉事。◎趙鉞：乾隆《峨眉縣志》卷六《名宦》云：“趙鉞，雲南昆明人，任縣事。庶以自守，正以率人。”

[三]“璧”，原作“壁”，與康熙《峨眉縣志》卷二、乾隆《峨眉縣志》卷二、同治《嘉定府志》卷八同，皆誤，據嘉靖《四川總志》卷一三《嘉定州·建置沿革》“峨眉縣”條、嘉慶《峨眉縣志》卷二、同治《嘉定府志》卷二一等改。嘉靖《潮州府志》卷六稱此人爲弘治二年（一四八九）舉人，乃吴廷瑄之弟；崇禎《乾州志》卷上亦作“吴廷璧”，并言其任峨眉知縣。兄弟二人之名皆從“玉”，可知作“璧”是。樂山地區舊志對此人之名或正或誤，自相矛盾，故詳辨之。

[四]“辰”，原作“震”，刊誤表作“宸”，皆誤，據康熙《峨眉縣志》卷二、乾隆《峨眉縣志》卷二、嘉慶《峨眉縣志》卷二等改。

[五]劉璐：乾隆《汾州府志》卷一九、乾隆《汾陽縣志》卷七、道光《汾陽縣志》卷七、光緒《汾陽縣志》卷七皆作“劉璐文”，且稱其任峨眉知縣，則應是一人。此人在乾隆三十七年（一七七二）又署洪雅知縣，嘉慶《洪雅縣志》卷九亦作“劉璐”。乾隆四十二年《縉紳全書》載此人亦名劉璐，字寶臣，山西汾陽人，副榜，三十三年（一七六八）九月補峨眉知縣。從名字相生看，作“劉璐”是。

[六]“辰”，原作“震”，據本頁第四條校勘記改。

[七]藍逆：指咸豐年間侵擾蜀地之雲南反清起義軍藍大順，清人余鴻觀撰《蜀燹述略》，旨在表彰死難義士，但對這次事件亦有不少記載，可參看。

西街過南街口之段爲鼓樓街。二街相會，適成直角，此精華區段也。在東街北而與之平行者曰狀元街[一]，其南而與之平行者曰育賢街。通東街、育賢街者曰小菜市街。通東街、狀元街者曰報恩寺壩、曰新市街，此繁盛區段也。育賢街直上交南街者爲白炭市，横行接江西街者爲花生市。北街通迎波門者爲草芭市，此有市街巷也。其餘西北隅三清觀巷、書院巷，西南隅萬壽宫巷，東南隅涼水巷，東北隅棕葉市巷、包穀市巷，則無市無鋪，惟通行人而已。四門之外，東北兩門之外，街長半里許，市亦繁盛。西南之外，街殊短促，惟南外當公路之會，興盛有望焉。民國癸未六月八號，城内大火，全城灰燼。事後撤城墻，修街道，建縣政府，闢新市區，街鎮市容大非昔比矣。

報恩寺

報恩寺在治東街，早已廢弛，街民居之。藥王廟在左側，今設學校。靈祖殿、葛翁廟品列前方，并廢爲民居。寺之經始，今難詳矣。舊凡讀詔、講諭、朝賀，皆行禮其中，有萬歲亭一所。寺之附近頗有隙地，米紙、棉花、包穀、雜糧、罈罐諸市在焉。單日趕集，日之方中，摩肩接踵，市容喧雜，諸街不如是也。

寺前戲樓欹傾欲墜。舊以中和節爲城隍神誕辰[二]，是日，舁神出游[三]，儀仗前導，鬼卒後行。男婦老幼，秉香尾隨輒數百人，觀者如堵。四門

[一]“狀”，原作“壯”，據刊誤表改；後文此街亦誤作“壯”，徑改，不再出校。

[二]中和節：唐德宗貞元五年（七八九）以二月初一爲中和節。《舊唐書·德宗紀下》云：“五年春正月壬辰朔。乙卯詔：‘四序嘉辰，歷代增置。漢崇上巳，晋紀重陽。或説禳除，雖因舊俗；與衆共樂，咸合當時。朕以春方發生，候及仲月，勾萌畢達，天地和同，俾其昭蘇，宜助暢茂。自今宜以二月一日爲中和節，以代正月晦日。備三令節數，内外官司休假一日。’”康熙《峨眉縣志》卷四《風俗志》云：“二月一日，請城隍出郊，結棚祭賽。對棚作彩樓，梨園搬演其上。又好閑子弟扮作美婦女及仙佛神將等狀，高置木架上，凌空而行，謂之扮會。男女沓觀，浹旬不已。至初十日爲神慶壽誕已，乃送神歸廟。”

[三]“舁”，原作“畀”，形近而誤，文義不通，今據諸多文獻用例改。所謂舁神出游，即抬著神像周游街巷。如萬曆《重修崑山縣志》卷一《風俗》云：“四月十五日爲山神會，縣設物牲祭之，衆遂舁神出游，爲雜劇諸戲，觀者如堵。”道光《萬州志》卷三《風俗》云：“上元前三日爲三聖娘娘誕期，先於十日齋戒，舁神出游街。望之，坐者儼然，從者哄然，金鼓之聲填填然，三日乃止。”民國《新繁縣志》卷四《禮俗》云：“十一月十八日，舊俗以是日爲城隍誕日，舁神出游，謂之出駕。”

各立會，醵金演戲慶賀，年一輪轉。演戲之地，北門在觀音堂，西門在城隍廟，南門在十方院[一]，東門在報恩寺。自會産録没，而粉飾太平之事亦禁革矣。

寺西南爲新市街，街在宋、元間爲東岳行祠。明正德間，爲峨山書院。清室爲縣試考棚。民國以來，屢設機關。自毁於祝融，地屬教局。規定地租，招民建鋪，曰新市街。今絲、布、錢、蜡四市在焉。

聖廟背新市場，向育賢街。廟建自宋慶曆元年，歷宋、元、明。初皆在城内西南，成化末乃遷治西，弘治間遷南街，嘉靖末遷馬寨山[二]，萬曆中遷東街[三]，天啓初復還馬寨，順治中更遷南街察院廢廨，康熙初遷治西鶴潭，雍正末遷治西桐子山，乾隆壬申又遷還馬寨，今廟則乾隆甲辰移建者也。廟不宏敞，兼又荒穢。今誅茅葺敗，設立學校，琅琅然書聲遠聞矣。

宫墻之右，有周綱墓。綱，滇人，綏山縣令[四]，皂角堰周氏之鼻祖也。

禹王宫

禹王宫在北街，坐東向西，蓋兩湖會館也。今爲峨眉山接引殿下院，聖欽上人卓錫於斯[五]。

殿宇不高，繪飾宏麗。殿後小院雅潔，亦習静地也。在昔闔城民房柱小檐低，半就傾圮，蓋嘉、道間古屋也。蜂房櫛比，無三尺隙地，街衢寬度不及一丈。霪雨之際，泥滓没脛。光緒初年，乃鋪修石板。民國己巳二月朔日、三月廿日，兩經回禄，禍延六街，罹灾居民千二百户。損失之鉅，殆數十萬。而禹王宫殿天井敞廣，浩劫之餘，巍然靈光。天意人事，從可知矣。

會館置鋪房在狀元街。狀元街者，宋進士楊甲故居所在也。紹興中，

[一]“十”，原作“什”，據本書後文《興聖寺》及乾隆《峨眉縣志》卷四改。

[二]“寨”，原作“賽”，形近而誤，據康熙《峨眉縣志》卷二《祠廟》“文廟”條及乾隆《峨眉縣志》卷三“学宫”、嘉慶《峨眉縣志》卷二等改。後文此字之誤徑改，不再出校。

[三]“曆”，原作“歷”，今據明神宗年號改。

[四] 按，諸本《峨眉縣志》及同治《嘉定府志》皆不載此人，萬曆《嘉定州志》卷三有此人，但爲嘉定州人，非滇人，則係同名而已。

[五] 聖欽：事迹詳本書後文《接引殿》。

吾蜀有三楊甲：遂寧楊甲，字嗣清[一]；昌州楊甲，字鼎卿[二]；峨眉楊甲，字德元[三]。名同字異，非三縣争一人也。清末建楊公樓祀之。自某軍用雲麓之法録没會産[四]，而官公營廟，囊括殆盡。會館之鋪房，遂爲民有。會館之宫宇亦讓爲僧寺焉。

城隍廟在西街，隔縣府與宫宇遥相正對，比邱居之。廟建於唐之乾元，重建於明之嘉靖，毁於甲申流寇。邑人楊世珍者[五]，文士也，嘗著《邑志笥存》。康熙戊子，又督理重建。嘉慶中，士民捐修，規模宏敞。城隍神在中唐之世，州郡皆有之，宋代且入祀典，昔人以爲係奉漢潁陰侯灌嬰[六]。明太祖封京師城隍爲帝，開封等地爲王，府曰公，縣曰侯。洪武三年庚戌，又去封號，稱某府某縣城隍之神[七]。然則天子之於神，固予奪由心也。

民國癸酉，街民失火。西南兩街、縣街、書院巷、萬壽宫巷并爲灰燼。受灾者六百餘家，殃及廟門，猶未修復。邇來戲樓廣場劃入學校，高墻一仞，逼在廟前。竊怪會産録没，會首解體，神亦不著靈異也？

大佛寺

大佛寺在城東一里，坐南向北，基廣百畝，土垣環之。古殿連雲，林薄摩天，涓涓溪水縈於寺門。擾擾市廛，此却閴静，晨鐘暮鼓，聞而肅穆。十方叢林，此其首也。

寺創建於明之萬曆。有無窮禪師者，法名真法，銅梁田氏子，通天

[一] 按，此人事迹詳乾隆十二年《遂寧縣志》卷五小傳。

[二] 按，此人有《六經圖》十卷，今存，事迹可詳文淵閣《四庫全書》本此書之提要。

[三] 按，此人見乾隆《峨眉縣志》卷六、同治《嘉定府志》卷二五。

[四] 雲麓之法：宋人史宅之所創括田之法，史氏號雲麓，故稱。《癸辛雜識·别集》卷下“史宅之”條云：“史宅之，字子仁，號雲麓，彌遠之子也。穆陵念其擁立之功，思以政地處之。然思不立奇功，無以壓人望。會殿步司獄蘆蕩以爲可以開爲良田，裨國餉，時宅之爲都司，遂創括田之議。一應天下沙田、圍田、圩没官田等，并行撥隸本所，名田事所。仍辟官分往江浙諸郡打量圍等。”

[五] “珍”，原誤作“楨”，據乾隆《峨眉縣志》卷首所載楊世珍《邑志笥存序》改。按，此人曾協助房星著編康熙《峨眉縣志》，署款有“處士楊世珍同校”字樣，可知作“珍”是。

[六] “潁”，原作“穎”，音同形近而誤，據《史記·樊酈滕灌列傳》改。

[七] 按，明代對城隍神之封賜，可參《明史·禮志三·城隍》。

和尚法嗣也[一]。祝髮峨眉，頗親大德。操苦行、精戒律，燃指供佛、刺血書經，亦人所難也。萬曆十六年戊子，禪師募諸楚、蜀，鑄千手大悲銅像，神高三丈，莊嚴肅穆。水道回峨，難乎登造。邑令李應霖爲卜隙地敞屋暫貯。辛卯之歲，師又率孫性寬北上，奏請慈宫發帑金修正殿，供奉大悲。毗盧、孔雀二殿列於前，經樓在其後，乙巳之歲始落成焉。雕窗鏤檻，畫檐飾壁，壯麗雄偉，駕乎諸山。聞者神往，觀者嘆異焉[二]。

史稱神宗生母孝定李太后好佛，京師内外多置梵剎，動費鉅萬，帝亦助施無算，信哉上有好者。寺碑載賜有香燈田五百畝，然何時蕩盡，已不可知。田之所在，更難理問矣。惟俗稱大佛殿田者，緊接寺背，川原平曠，方二三里[三]。土壤肥美，堰流盈溢，兩季産物咸勝他處，蓋負郭上上田也。香燈田或在此歟？自清室末造，漸就廢弛，比邱寥寥，佛殿闃静，蓬蒿没門，樵蘇無禁。曩時花圃，今爲稻田，禽鳥林木，非復舊觀也。民國以來，戰亂頻仍。戎馬居之，荆棘生焉。己卯，故宫博物院遷駐其中，誅除草萊，修補破敗，貯藏古董，禁衛森森，游人不得瞻禮也。

高覺庵者，距寺半里，山門相望。萬曆中，慈聖宣文明肅皇太后敕建[四]。修竹茂林，覆蔭衡宇，頗類隱者之居。或云建以奉御監姜綬者也。己卯秋，符溪泛濫，正殿冲坍，僧亦舍之去也。

西坡寺

縣治西南邱陵起伏，護衛城郭。南外馬寨山，西外武廟山，踞二山之間者，西坡寺山也。山長而平，寺踞其上。石級盡處，老榕一株，御麥林中，石獅橫卧。禪林無鐘磬之響，桑門標戎馬之幟。瞻仰古寺，徒深慨喟。

寺建於唐武德六年，舊名聖壽西坡寺[五]。唐時，入山由城西門經沉

[一]“天”，原作“大”，形近而誤，據蔣超《峨眉山志》卷三“大佛寺”條及卷四“通天和尚”條改。

[二]按，關於大佛寺之修建，可參乾隆《峨眉縣志》卷九范醇敬《大佛寺記》及蔣超《峨眉山志》卷一一王在公《無窮禪師塔銘》。

[三]“三”，原作“二”，原刻誤缺一筆，據文義改。

[四]按，此處不言具體修建之時，宣統《峨眉縣續志》卷二稱此庵建於萬曆癸卯（一六〇三）。

[五]按，此説本自嘉慶《峨眉縣志》卷二。

犀壩、馬口，轉石佛、玉屏、黑水、白水四寺，周折以造於山頂。寺當西關之衝，游人恒食宿於斯。惜文獻無徵，興替之狀莫能明焉。

北宋之際，朝山之道乃改出南門，於是朝山居士不必入禮西坡。然西坡古刹亦不必即落寞也。蓋附郭古刹獨有西坡，墨客騷人多會於此。明嘉靖中，嘉州七賢罷官回里遨游山水。嘗集飲寺中，有詩碑記其事。七賢者，皆名進士：濟南太守章寓之[一]，山西按察副使張鳳翔[二]，河東轉運使王宣[三]，兵科都給事中安磐[四]，大理寺左少卿徐文華[五]，光禄少卿程啓充[六]，南吏科給事中彭汝實也[七]。高會之地，如靈巖寺、黑水寺、夾江依鳳寺等。名士流連，傳爲勝迹。摩巖竪碑，刊其歌詠。諸賢書法蒼勁，獨安公石酷肖顔平原焉[八]。惜寺裏詩碑久已亡佚，名賢手筆不復

[一] 章寓之：萬曆《嘉定州志》卷三小傳云："章寓之，字道充，安谷鄉人。（弘治）乙卯（一四九五）鄉試，壬戌（一五〇二）進士。任南户部主事，歷員外郎中、濟南知府。"據嘉靖《山東通志》卷一六，正德七年（一五一二）時，知府章寓之修建了濟南府講堂，則其時已在濟南知府任上。

[二] 張鳳翔：據正德《大同府志》卷七，張鳳翔字來儀，四川夾江人，弘治丙辰（一四九六）進士，正德五年（一五一〇）任大同知府，後升山西副使。又據《明武宗實録》卷四一，正德三年（一五〇八）八月癸巳，"命户部署員外郎張鳳翔覆勘爲永業者"，知其先爲户部員外郎。據同書卷九五，正德七年（一五一二）十二月己酉，"升大同知府張鳳翔爲山西按察司副使"。據同書卷一一五，正德九年（一五一四）八月時，張鳳翔在兵備副使任上。據同書卷一四五，正德十二年（一五一七）正月，張鳳翔與章寓之同時閑住，其後仕履不詳。

[三] 王宣：雍正《四川通志》卷三四稱其爲弘治丙辰（一四九六）進士。同治《嘉定府志》卷四一《游毗盧寺》作者小傳云："字承德，嘉定州人，弘治中進士。任南京工部主事，擢郎中，累官南陽知府、河東副使。"據《明武宗實録》卷一〇〇，正德八年（一五一三）五月戊寅，升南陽知府王宣爲陝西都轉運鹽使司運使。復據同書卷一四五，正德十二年（一五一七）正月，運使王宣與張鳳翔、章寓之同時閑住。

[四] 安磐：字公石。據乾隆《峨眉縣志》卷首尹宗吉之序，有"安子松溪磐氏有郡邑志"一語，可知安磐號松溪。弘治十八年（一五〇五）進士，改庶吉士，正德時歷吏、兵二科給事中。事迹詳《明史》本傳。

[五] 徐文華：字用光，嘉定州人。正德三年（一五〇八）進士，擢監察御史，歷大理寺左少卿。因議大禮被廷杖，戍遼陽。會赦，還至静海。卒於隆慶初，贈左僉都御史。《明史》本傳稱，徐文華於正德十一年（一五一六）十月黜爲民。

[六] 程啓充：字以道，嘉定州人。正德三年進士，除三原知縣，入爲御史。卒於隆慶初，贈光禄少卿。《明史》本傳稱，程啓充在正德十一年後丁憂歸家。

[七] 彭汝實：字子充，嘉定州人。正德十六年（一五二一）進士，授南京吏科給事中。屢次上諫，斥責奸臣，針砭時弊，後因議大禮奪職還鄉。《明史》有傳。從以上數人履歷來看，七人同游峨眉山應在正德十二年之後不久。又據蔣超《峨眉山志》卷一四所收七人《西坡聯句》之作，明言"正德庚辰夏"，則諸人同游在正德十五年（一五二〇）。

[八] 顔平原：顔真卿曾封平原太守，故稱，詳《舊唐書》本傳。

如靈巖、依鳳之可讀矣。

順治甲申，獻逆竄蜀，僞兵土兵争城争地，明軍清軍旋去旋來。古寺傍城，又極宏敞，僧人逃竄，戎馬營居。十年兵火，宫殿丘墟矣。順、康之間，寺僧通奇乃謀重建。乾、嘉之際，踵事增華焉，今且二百年矣。嘗一再往游，荒蕪污穢，難可久留。僧似苦民，不知迎客。農家黍麥零亂一堂，佛殿莊嚴因而减色矣。至若仙畫蘆凫得水高飛，道挈寺僧一瞬百里，僧享期頤，名公盜畫，此或寺僧妄言。菊潭好事，遂令妄以真傳，然愈見其妄也[一]。

普濟寺

普濟寺在治北紙錢街，今名觀音堂，康熙中建。破瓦頹垣，秋菘一畦，則舊時戲樓廣場也[二]。古殿朽敗，門廡無存，竹木工匠劈斫其間。石碑五十餘通，皆紀善功，無足述者。小院一間，蛛絲護佛，雀栖敗檐，花不鮮明，木亦摇落，以襯老屋，倍覺闃静，無怪終年客不至也。

邑人信佛，婦女虔誠特甚。每朔望，老翁七八，老婦數十，群集寺裏，叩拜佛前，素食一日，口念彌陀，邀免愆咎，曰佛懺會。然止於黑念，無當於經義，乃習爲風氣，幾於無寺無之。普濟寺則城中婦女拜佛處也。

街上有貞節總坊，構木爲之，工作偉麗。街殊冷淡，不宜貿易。街民編竹爲籮、爲笠，製棕爲繩、爲蓑，陳列鋪中以待顧客。家無怠工，市無閑人。街盡處爲李祠，祠宇宏敞，蓋湖廣李氏明時入蜀者也。

自寺入城，經王爺廟，廟頗宏敞。舊設區署，今設鄉公所，清丈土地人員寄住於此。廟前有德政碑，頌邑令宋家蒸者[三]。再經長濟橋，橋頭有唐員外郎仲子陵故里碑，道光間立，半没土中。橋爲古平遠橋，架符溪上。長橋横江，遠望如龍。自明以來，屢加改建，明代鐵柱已無存

[一] 按，蔣超《峨眉山志》卷八《書畫》載西坡寺有仙人畫蘆凫，同書卷一五有胡世安《西坡癡嘆》詩，即此處之所指也。

[二] “場”，原作“塲”，形近而誤，據文義改。按，本書往往將“場”字誤刻作“塲”，後文此字之誤徑改，不再出校。

[三] 宋家蒸：字雲浦，江西南昌府奉新縣進士，光緒十四年（一八八八）任峨眉知縣，宣統《峨眉縣續志》卷五有傳。

者。今公路大橋即在其側，車馬行人無復經此，故長濟橋樓只點綴江上風景而已。乙酉秋月，撤毁橋樓。

飛來殿

飛來殿初非蘭若也。萬曆初，峨眉山天台庵僧賓借居之，至於今三百餘年。然雜神群祀，未嘗佛化也。

殿宋代建構，與今式頗殊。殿柱廿二，大皆合抱，長短相若。中列八柱，成横長方，計如室者三。中爲神座三方，準八柱，共起十柱，猶今之檐柱，以爲走廊。前方四柱，中敞殿堂，柱上蟠龍畢肖龍狀，疑後人加塑也。前更爲橑，另有四柱，殿柱頂端架木爲蓮以乘横梁。八柱之上，木蓮乘梁者二，乃梁上爲蓮以負棟建瓴。四面下水，殿脊亦巍然。

高杉古榕間祀東岳大帝，塑像奇偉，赫矣森嚴。香烟薰繞，神面黝黑，踽踽殿中，肅然敬畏。夫人死魂歸泰山，又云泰山天帝孫也，主召人魂魄。漢魏以來，此説已盛，然歷代詔封，天齊仁聖，當不以此。其必曰泰山興雲，觸石而出，膚寸而合，不崇朝而雨遍天下也[一]。乃千百年來民智不進，忘其利我農田，信其主宰禍福。予讀殿外宋淳化四年重修行廟碑及元泰定四年補葺殿宇碑，爲之慨然。無惑乎有司禁之而益靡也。

殿橑之下，敞屋接橑，左右對稱，則洪武辛卯知縣項克庸所重建也[二]。塑牛頭馬面之屬，若候遣命者。殿楣之上懸“飛來殿”三字，俊逸飛翔，明崇禎八年乙亥，漢嘉守郭衛宸書[三]。道光間，將軍許超重培[四]，附刊

[一]“遍”，原作“偏”，據刊誤表改。按，《春秋公羊傳·僖公三十一年》云：“山川有能潤于百里者，天子秩而祭之。觸石而出，膚寸而合，不崇朝而遍雨乎天下者，唯泰山爾。”即此處所本也。

[二] 按，諸本《峨眉縣志》皆不載此人。

[三] 郭衛宸：雍正《平陽府志》卷二三小傳云：“郭衛宸，字葵一，崇禎辛未（一六三一）進士，授四川嘉定州知州。薄耗省刑，肅清奸盗，邊境以寧。疏錢局，創義倉，立課社，民爲建生祠十餘所。升户部員外，以親老未任。居鄉，凡事關地方者，力爲之。如揭報司農冀求减賦，具呈銓部，懇求賢令守城救荒，合邑被德。疏薦，不起，年七十一卒。”道光《太平縣志》卷一一傳記則較之更詳，而同治《嘉定府志》卷二一、民國《樂山縣志》卷八誤此人之名爲“郭衛震”，且失載此人事迹，故表出之。

[四] 許超：峨眉縣人，字雲臺，峨邊營行伍出身，官至太湖協鎮都督府，傳見宣統《峨眉縣續志》卷七及本書後文《興聖寺》。

款識。元泰定四年丁卯碑稱“淳化、景祐間斷碣云廟址神所自擇，嘗一夕有風雷之變，遲明小殿巍然”云云，以爲廟之經始自有神異，其實誕也。然俗人泥於斷碣風雷之變，又見殿宇不同乎今，而顔題“飛來”，筆非凡手，於是附會飛來，若甚可憑者。噫！人之好怪也！

泰定碑又載斷碣云：“當嘉定卜築營屯、安輯戎旅之初，邑巨族楊氏以其先業予官爲軍營，易廟地。故宋、元兩代，楊氏主祠。淳化間，有楊希顔。紹興間，有主祠進士楊甲。元初有楊震炎父子。震炎父子固嘗游宦，委廟事於鄉士任伯禄、道士梁炳發、楊泰望、任紹傳。紹傳，伯禄之子也。”

殿外坡下星主殿中有碑載至順帝聖旨護廟，則紹傳所奏請也。星主殿，古廟門也，陳伯行曾改題曰“峨山廟”[一]。有石獅及鐵檻舊迹，鐵檻奇大，溶鑄鐵橋，今稱“鐵橋河”是也。

石獅坡下爲唐懿宗敕建家慶樓故址，廢礎四枚，圓大如桌[二]，傾側蔓草中。《志》稱樓“高九丈，寬十二丈，工巧壯麗”[三]，信非此礎不能勝也。樓上皆唐人名畫，海棠尤異。“家慶樓”三字，魏了翁書。嘉靖中，陳伯行即樓以祀陸隱君而附以華父、遜志二先生[四]。明末樓坍[五]，其詳不可知也。

樓址坡下一殿，崇禎壬申建，淳化碑、泰定碑、至大碑、萬曆碑皆在殿中，與雜神并。至大碑則紹傳奏請，詔禁侵擾，由嘉定路達魯花赤總管府轉頒者也。蒙文印，余愧不能識。碑陰則自廟至雁門街修路記也。路長四百卅丈，泰定丙寅開工，致和三年竣事[六]，費寶鈔二百錠，亦焚

[一] 按，此事見乾隆《峨眉縣志》卷四“峨山祠”條，陳伯行爲明代嘉定州知州陳嘉言。萬曆九年《四川總志》卷一五“峨山祠”條注文“峨眉縣北，宋以來爲東岳廟。嘉靖中知州陳嘉言改祀三峨山之神”可爲證。萬曆《嘉定州志》卷八稱此人僅嘉靖八年（一五二九）在任，則題署之事當在其時也。

[二]“桌”，原作“棹”，其字既同“桌”，又音 zhào，義爲船槳。從文義看，作船槳講明顯不通，爲免誤會，改爲“桌”字。

[三] 按，此《志》指乾隆《峨眉縣志》，見其書卷二“大峨石”條。

[四] 按，此説本自乾隆《峨眉縣志》卷九彭汝實《陸隱君祠堂記》，華甫指魏了翁，遜志指方孝孺。

[五] 按，乾隆《峨眉縣志》卷二“大峨石”條稱“樓於嘉靖十二年（一五三三）毀”，此處稱“明末樓坍”，不知何據。

[六] 按，據《中國歷代年號考》，泰定帝致和年號僅一年，爲一三二八年。此處稱致和三年，若非劉君澤辨識有誤，則是西蜀沿用舊號也。

獻提點任紹傳所主持。故岱廟之修葺，伯禄父子與有功焉。

崇禎古殿外右院供佛祀雜神，左院則十殿鬼卒等，皆清初興設，俗稱大廟是也。正月九日，男婦老幼各以香楮猪鷄來祈消愆咎、酬了願信。大抵婦爲其夫，母爲其子女，子女爲其父母。摩肩接踵，雜沓一堂。錢灰數坎，大如墳起。邑多磦户[一]，紙固易取，然用之火炕[二]，暴殄至極。矧爲錢賂神，神寧享之乎？夫岱神治鬼已屬子虛，閻羅主冥更涉誕妄，而空耗民財，大礙民智！安得盡黜雜神，莊嚴世尊，以正民信仰也？僧其勉乎哉!

附近舊有金字牌坊。宋時邑人張榮，子震金、震玉，父子并紹興間進士[三]。震金官至吏部侍郎，震玉官至吏部郎中。金字坊則御賜張氏父子所建，坊圮已久，名空存焉。

興聖寺

興聖寺，萬曆時興聖庵也。康熙末年重建，乃改庵爲寺。《圖説》云："寺宇兩層，佛像尊嚴。山門外路嵌靴石，以形似呼之。遥望金頂及衆山最高處，歷歷可數。"[四]今之殿宇猶是康、乾之舊。興聖寺額，康熙時成都府知府冀應熊所書也[五]。

[一] 磦（cáo）:《漢語大字典》釋爲采礦之坑洞，於此處文義不合，當即義同"槽"。所謂槽户者，造紙之人。紙槽即造紙之工具也，如民國《沙縣志》卷八"紙業"條云："凡有竹山皆有紙廠，内設紙槽以製大小海紙。"樂山夾江造紙頗爲知名，於此處文義正合。

[二]"炕"，疑當作"坑"，形近而誤也。

[三] 按，據康熙《峨眉縣志》卷五、乾隆《峨眉縣志》卷六，張榮爲紹興進士，其二子則寶祐進士也。

[四] 按，此處引文見《峨山圖説》之《菩提庵至興聖寺圖説》。

[五] 冀應熊：康熙《漢陽府志》卷七小傳稱此人字渭公，河南輝縣人，崇禎壬午（一六四二）舉人，康熙八年（一六六九）時仍在成都府知府任上。至於其任職成都知府之始，雍正《四川通志》卷三一、嘉慶《四川通志》卷一一六等皆稱康熙六年，顯誤。因爲雍正《四川通志》卷二三《山川志・成都縣》"洗墨池"條注文明言"康熙二年（一六六三）知府冀應熊建草亭、木橋"。同治《重修成都縣志》卷二"重修昭覺寺碑記"條注文更稱"康熙元年冀應熊書，布政使金儁撰記"，但檢同書卷一四《重建昭覺寺法堂碑記》，文中提及康熙己酉，則碑記作於康熙八年，所謂"康熙元年書"之説不可信。又據《蜀龜鑑》卷五，康熙九年，遵義武生劉瑄京控訴欽差勘問武舉半官籍，巡撫張德地及成都知府冀應熊等革職，可知此人離任在康熙九年。至於劉君澤此處稱興聖寺額乃冀應熊書，暫未見文獻證據，或其親見也?

洗象池，遍歡上人與宏順師居之。竹橘青翠，園蔬美肥，佛殿莊嚴，客寮明净，闔城人士恒燕集於此。惟脚廟小庵，無可記者，記城南諸寺附焉。

自城南薰門沿樂西路至寺可二里，中經回龍庵[一]，道光間建。庵後虎頭山頂諸山謀建佛經流通處，尚未落成。

經峨神殿，光緒乙酉總督丁寶楨、游智開建[二]。廟基，明嘉靖時聖宫舊址也。胡世安云聖宫外"合三山流爲泮，澄陂千頃[三]，儵樂蓮香[四]，亦多雅致"。今縣立初級中學在焉。

經川主宫、十方院，自宫院荒廢，建爲峨山旅行社，車馬雲集焉。

經璧山廟，光緒時建，祀唐巴川令趙延之[五]。或據《茗餘新話》[六]，稱張七相公即帝王尊神，四川壁山縣人，咸豐丙辰曾於黄州麻城辦團剿賊。麻城戴德，至今祀之。然蜀人之祀，不識何故也？廟外新建中央衛生署，衛生站在焉。

經菩提庵，光緒時建。小殿雅潔，刺籬繞之，袁溝諸山，秀媚當門。

經圓覺寺，宣統元年己酉錫瓦殿僧買民居爲之。翠竹環繞，幽静可愛。與興聖寺間隔一墻，燈火相照。

自興聖寺左行數武，有圓通寺。殿宇卑隘，然整潔可玩。寺額邑人石瑛所書也。再前行數武，左轉越嶺，土主祠在焉。明弘治時創建[七]，

[一]"回"，原作"迴"，顯非庵名用字，今據文獻用例改。峨眉山古有回龍庵，見本書後文《接引殿》；嘉慶《峨眉縣志》卷二載峨眉縣東四里亦有回龍庵。則此處之庵雖建於道光時，其庵名亦與另外二庵偶同，作"迴"當係形近而誤也。

[二]丁寶楨：傳見《清史稿》卷四四七及《丁文誠公奏稿》卷首。據《清德宗實録》卷四〇，光緒二年（一八七六）九月戊辰，"以山東巡撫丁寶楨爲四川總督"。◎游智開：字子代，咸豐元年（一八五一）舉人，光緒十一年（一八八五）擢四川按察使，次年護理總督，傳記見《清史稿》卷四五一。又按，二人建殿之説見宣統《峨眉縣續志》卷二"峨神廟"條。

[三]"陂"，原作"波"，因襲光緒本《峨眉山志》卷九《登峨眉山道里紀》，據蔣超《峨眉山志》改。

[四]"儵"，原作"鯈"，據蔣超《峨眉山志》改。

[五]趙延之：雍正《四川通志》卷六小傳稱此人爲大曆時巴川令。而關於璧山神信仰，則可參黎春林《璧山神研究》（載《西南交通大學學報》二〇一二年第二期）、賈雯鶴《璧山神信仰探微》（載《宗教學研究》二〇一三年第二期）。按，璧山縣又名壁山縣，同治《璧山縣志》即用"璧"字，故對此"壁""璧"之異不作統一處理。

[六]《茗餘新話》：同治五年（一八六六）成書，作者爲什邡名醫王春田。此書八卷，仿《聊齋志異》而作，乃文言小説，共二百二十九則。此書藏本不多，筆者所知有中國人民大學圖書館藏本。汪燕崗有《論新見四川清代文言小説〈茗餘新話〉》（載《中國文學研究》二〇一七年第一期），可參看。

[七]"弘"，原作"宏"，音同而誤，今據明孝宗年號改。後文此字之誤徑改，不再出校。

頹廢已久。光緒時，金頂僧重建，峨山甲設學校焉。邱陵秀麗，溪澗澄清，祠宇崇閎，殿堂明潔。七七變作，故宫博物院寄儲古物，戍守森嚴，瞻禮不便也。祠後一里，有許將軍祠。許超者，邑人，字雲臺，行伍出身，屢遷至參將。宣宗召見三次，調署太湖協鎮都督府。道光三十年庚戌回籍，卒，贈武功將軍。近年廢祠，林苑衰落也。

聖積寺

胡世安《道里紀》云："聖積寺門對古慈福院。"據此，則聖積寺固非唐、宋時之慈福院也。古慈福院之真境樓有宋魏鶴山書"峨峰真境"四字，亦不能以明嘉靖時別傳禪師所建鐘樓當之。特古院荒廢，而銅塔、銅佛、名賢題詠之屬移存寺中而已。

萬曆九年，川南道參議高任重題篆古慈福院碑[一]，竪樓下嘉樹之根。自是以來，名賢游記每混言之，此不可不辨也。院中存簡板一，刊"半天開佛閣，平地見人家"十字，宋范蜀公所書也[二]。存銅塔一，合十七層。塔身鑄佛四千七百尊及《華嚴經》全部，明時永川萬華軒所施造也[三]。

考慈福院之廢墜、聖積寺之創興，并在元、明之際。代遠年堙，事迹泯没，其詳不可知也。正德、嘉靖之間，大德宗寶上人與東明、鑑燈居之[四]，而聖積寺因成名寺焉。其後有別傳禪師者，諱慧宗，字別傳，

[一]"任"，原脱，據雍正《四川通志》卷三〇補。按，據《明神宗實録》卷一〇六，萬曆八年（一五八〇）十一月"己卯，升貴州僉事高任重爲四川右參議"，從時間上來看，正是此人。雍正《雲南通志》卷二〇中，嘉靖壬子（一五五二）科舉人名單中有此人，乃雲南府人。又據同治《嘉定府志》卷四一，此人字恕庵。

[二]按，此處稱范鎮所書簡板存，當係妄言。第一，此段引高任重題篆之事，見《峨山圖志》之《興聖寺至勝積寺圖説》，原文脱"任"字，印光本《峨眉山志》卷一所引亦脱，如果劉君澤親見此碑，則不會脱"任"字。第二，關於此簡板，《峨山圖志》明言"相傳范蜀公書有簡板一幅，云：'半天開佛閣，平地見人家。'今佚"，譚鍾岳幾十年前就説不見了，幾十年後劉君澤再見到的可能性很小。第三，劉君澤在後文還提到了永川萬華軒施造了銅塔，却稱"元時"施造。其説顯誤，此銅塔今存，底座有銘文"明萬曆乙酉年（一五八五）秋，永川信士萬華軒施造"，若劉君澤親見銅塔，當不至於謬誤如此。綜合來看，我們認爲，這裏關於聖積寺的記載，應該主要是來自前人文獻。即便劉氏曾實地踏勘，亦可能存在記憶疏失，不能盡信。

[三]"明"，原作"元"，誤，今據塔座銘文改，詳上條校注。

[四]按，三僧之名，宗寶見陳以勤《別傳禪師塔銘》，載蔣超《峨眉山志》卷一一；東明、鑑燈則見其書卷九之陳文燭《游峨眉山記》。

姓汪氏，湖廣德安府雲夢縣人。生而至性凝簡，不墮世相，見者識爲龍象器。七歲出家，正德戊寅入西蜀。嘉靖甲午游峨眉，睹普賢瑞像圓明殊勝，因敬生悟，從僧宗寶學究竟法，印契西來密旨。蓋師所參叩而宗寶爲之印正云。當斯時也，峨山絶頂鐵瓦殿歲久浸圮。丁酉八月，師於大士像前發信願，圖興葺。創建新殿，瓦以銅者一，前爲板屋七，後爲板屋五，環以廊廡。鑄普賢銅像一，銅佛六十五，咸奉峨頂。又於白水建伽藍殿一，鑄銅佛大像三，費數千金。先後鑄鐘三，一置白水、永壽，一置老寶樓。樓鐘最鉅，重二萬五千斤。丙寅，鑱鬬雙飛橋路，闊一丈，長二里許。

隆慶元年丁卯植松、柏、杉、楠十萬八千株，蔭覆巖岫。師安住峨眉者且四十年，諸所崇飾洞天名藍之勝，願力慧利，不可思議也。

萬曆三年乙亥九月朔日，陳文燭《游峨眉山記》云[一]：“憩徑山寺，即香山寺，望三峨插天，雲氣如赤珠，如白鵠，如行人，鱗鱗不可名狀。讀宋英宗御製别山碑，别山者，開山寺僧，有經行者。憩聖積寺，登老寶樓，覽魏鶴山‘峨峰真境’四字。寶亦宋僧别山者流。有東明沙門年九十，擁錫而迎，素與新都楊用修、青神余懋照游，藏二公詞翰甚富，余爲《老僧像贊》而出。其下山也，宿老寶樓，云有鑑燈沙門，了大藏，爲言：‘蔭法雲則火宅亦涼，曜慧日則昏夜可曉。儒釋異邪？’燈愛詞翰，余檢家按察公《見南江閣詩文選》付焉。”[二]余讀《山志》游記，窺見明時兹寺之盛矣。

自寺就廢弛，林園荒穢，凡正德戊辰内江王之所重建[三]、萬曆丁酉巡撫萬任、布政使楊國明所重修接引殿[四]，康熙壬子御史董明命所重修大雄寶殿[五]，并敗亂之至，不能居人。而名賢題詠既真迹了無，石刻板

[一] 陳文燭：字玉叔，沔陽人，嘉靖乙丑（一五六五）進士，官至南京大理寺卿，有《二酉園文集》存世。據此文“萬曆甲戌（一五七四）奉命督學事”，其時任四川提學副使。蔣超《峨眉山志》卷九收其《游峨眉山記》。

[二]“南江”，原誤倒，據蔣超《峨眉山志》改。

[三]“王”下，原衍“公”字，乃因襲《峨山圖志》之《興聖寺至勝積寺圖説》而誤，今删。按，據蔣超《峨眉山志》卷三，此寺乃内江王重修，據《弇山堂别集》卷七三“莊懿”條及雍正《四川通志》卷二九之下，正德時内江王名朱友壖，乃明宗室，非姓王者。

[四] 按，萬任與楊國明事迹不詳，雍正《四川通志》、嘉慶《四川通志》皆失載。

[五] 董明命：明末清初合江縣人，雍正《四川通志》卷一八上稱此人順治十八年（一六六一）時署永寧兵備道。

刊更盡遭剥蝕，猶幸銅爐、銅鐘、銅佛銅佛傳唐時物、銅塔與蔣超所書聖積寺額於今尚存。銅鐘者，嘉靖丁卯八月别傳禪師鑄。其序則翰林院編修遂寧楊名——别號巢峨居士者所書也[一]。其銘則翰林院檢討夾江宿進所撰也[二]。鐘之表裏刊歷代帝王、高僧、居士及四方檀越夫婦生庚甚備。至若老寶樓之寶公，陳氏稱其亦宋僧别山者流，蓋别傳之師宗寶上人也。及老寶訛爲了鴇，解之者曰："鴇，淫鳥也。僧人至此了絶淫念。"妄説無稽，可發一笑。余特理其原委，正其荒謬，以告於游山訪古之高人焉。寺後宋時有普安院，傳余大師坐化處。有半月庵、文昌宫、八卦井，今并荒廢。

保寧寺

保寧寺，明之卓錫庵也。嘉靖乙丑，僧定寬、德統建。萬曆辛卯，僧道禪、德佐重建。清康熙之際，峨雲禪師復加修葺，乃易今名。雍正時連碧禪師[三]、嘉慶時仁寬禪師均有經營，增其壯麗。殿負邱嶺，門傍瑜伽河[四]，古木參天，環臨殿闕。山田十畝，高墻範之。佛殿僧寮空寬雅潔，昔人稱縈洄水抱，平遠山環，不亞聖積真境，信哉！佛教總會設佛學院，沙彌數十讀經其中，書聲琅琅，儼然弦誦之地也。

民國甲申，飛機墜落，死者十餘人。清得美國飛行人員死尸三具，停柩寺中，邑之人士臨喪追悼致敬意焉[五]。范石湖《山行紀》所載白水莊、蜀村店，胡世安《道里紀》所載三一庵，均在寺之附近。寺右百步有蕭店子，或即古蜀村店也。自公路修成，蕭店子廢而馬路橋興焉。

[一] 楊名：字實卿，遂寧人，嘉靖七年（一五二八）鄉試第一，次年以第三名及第，授編修，曾與楊慎一起修嘉靖《四川總志》，《明史》卷二〇七有傳。

[二] 宿進：明過庭訓《本朝分省人物考》卷一〇九列其小傳云："宿進，字孺忠。夾江人，進士，歷刑部員外郎。逆瑾擅權，以直言受杖卒。嘉靖初贈光禄寺少卿，縣有祠。"

[三]"碧"，原作"壁"，刊誤表以爲當作"璧"，并誤，據《峨山圖志》之《文昌廟至保寧寺圖説》改。

[四]"伽"，原作"珈"，據下一篇《報國寺》中之"瑜伽河"及蔣超《峨眉山志》卷九之胡世安《登峨山道里紀》改。本條後文此字之誤徑改，不再出校。

[五] 按，此指一九四四年美軍飛機失事，可參劉南燕《難以忘懷的情緣——峨眉山追尋二戰飛越"駝峰"失事美機殘骸紀實》，載《重慶與世界》，一九九九年第四期。

寺外渡瑜伽河，行百步，有寺曰萬行莊，道光間建。稱古海會堂[一]，然方志不載，或白水寺海會堂原已遷建於此也。殿在光明壩，林園寬廣。草屋數十間，川大理科教室也。殿之左廊，僧房明潔，縣自治人員訓練所在焉。

今寺爲金頂下院，傳鉢上人之徒聖觀居之。莊左蓬萊橋，橋頭子龍廟。甲申秋，瑜伽河大水，全橋冲坍，廟亦淹浸。今甚敗亂矣。

報國寺

《峨眉縣志》及《山志》載：《别峰語録》若干卷[二]，宋别峰門人集；《僧史》一百卷，《華嚴經集解》《金剛經集解》若干卷，宋釋祖覺撰；《語録》若干卷，附《甄奥賦》注釋，清德輝禪師撰；《語録》若干卷，釋實如——號眉巖撰；《語録》二卷，鐵頭和尚撰；又《語録》若干卷，釋紫芝撰。此在峨眉比丘已屬鳳毛麟角，而明光道人撰《心經》《楞嚴解》《八識規矩注》《會心録》《禪林功課》《大乘百法注》《峨眉傳》等，著述之多，冠絶諸山矣。

明光道人居峨眉，萬曆乙卯建會宗堂一名問宗庵、會宗坊[三]。初在伏虎寺右山，隔溪與融虚所建太湖庵相對。四川巡撫徐良彦撰《創造會宗堂記》云："道士名明光，故儒生逃於禪而汪洋者也。詢所崇祀，曰：'三教一宗。'其址則余所卜，而峨眉令朱萬邦布金所構。堂後倚獅子山，右屏風山，左飛鳳山，瑜伽河繞其前，澗水繞其後，與瑜伽合流而去，亦形象最勝處也。屋三楹，爲門，爲堂，前後爲樓，左右爲廊。祀普賢、廣成、楚狂，其中立木主[四]，不以塑像，道士之意也。亦深合乎道，遂名曰'會宗堂'。"[五]余即三教會宗之義，推見明光道人之所撰述也。

清初遷大光明山麓，順治中行僧聞達重修。國有慶祝，行禮其中。

[一] 按，稱其爲古海會堂者，見宣統《峨眉縣續志》卷二。

[二] "録"，原作"緑"，形近而誤，據蔣超《峨眉山志》卷一一《别峰禪師塔銘》及嘉慶《峨眉縣志》卷一〇改。

[三] "曆"，原脱，據刊誤表補。

[四] "主"，原作"王"，據刊誤表改。

[五] 按，此文載蔣超《峨眉山志》卷九，劉君澤略有改動。

王藩書“報國寺”三字懸之。然江皋來游之際[一]，荒址一坪，惟存佛座而已。嘉慶時重建，而會宗之名乃廢。地勢軒爽，林木陰深，一澗潺湲，青山屏障，琳宫紺宇，最爲崇宏。寶殿經樓，莊嚴偉麗，名山之麓有此名寺，不啻諸寺之山門也。曾往瞻禮，察其廟貌，清末重建，民國添修，大輅椎輪，後勝於前。然寺中無僧，經過難考，高人大德之淑行，四方檀越之布施，無法紀述，讓其堙滅矣。

民國乙亥，中央調全國將校於峨山，集受軍訓，軍訓團總部設於此。受訓學員散居伏虎、保寧諸寺，寺中有今國府主席蔣公書“精忠報國”四字，餘則當代聞人陳誠、葉恭綽等均有題吟[二]。

七七變作。己卯之歲，國立四川大學遷於峨眉。文、法兩院在伏虎寺，理學院在保寧寺，圖書館在玉皇樓，新生院在鞠漕林氏將軍府，大學本部亦設於寺。自川大遷返成都，而茅屋撤毁，球場之地并還隴畝矣。

乙酉之年，政府以峨眉爲世界名山，中外人士游覽者衆，不能聽其頹廢，因設峨眉山管理局。局務辦公，寄居於寺，仡看峨眉山中佛像寺容、古物古迹、森林猿猴、道路橋梁以及佛法教育、經藏法器、字畫塔銘、高僧隱逸等。或保護培植，或提倡督辦，或撰述收藏，或標題揭示，按寺清理，分類登記，別詳計劃，建設全山。而群魔斂迹，大德來歸，佛法昌明，聖地益著矣。

善覺寺

善覺寺在報國寺後山峰頂，俗稱二坪，古宋皇坪也。《泰一書》云：“黄帝謁峨眉，見天真皇人，拜求《玉堂三一》之道。皇人曰：‘而既已君統矣，又咨三一，無乃朗抗乎？古之聖人，盍三辰，立晷影，封域以判邦國[三]，山川以分陰陽，寒暑以平歲道，執以衛衆，交質以聚民，備

[一] 江皋：字在湄，號磊齋，安徽桐城人，順治十八年（一六六一）進士。事迹詳《清史稿·循吏傳一》本傳。此人約康熙二十四年（一六八六）游峨眉山，有《游峨眉山記》，載蔣超《峨眉山志》卷九。

[二]“恭”，原作“公”，當係音同而誤，今改。按，此處所言二人，陳誠爲國民黨高級將領，孫宅巍有《陳誠傳》；葉恭綽爲著名書畫家、收藏家，葉梅有《葉恭綽》，嶺南美術出版社，二〇一二年版。

[三]“域”，原作“城”，形近而誤，據蔣超《峨眉山志》卷五改。

械以防奸，車服以章等，皆法乎天而鞠乎有形者也。天地有啓閉，日星有薄蝕，治亂有運會，陰陽有期數。賢愚之蔽[一]，壽夭之質，貴賤之事，吉凶之故，一成而不變。類氣浮於上，而精氣萃於下；性發乎天，命成乎人，使聖人以爲之紀。是以聖人欲治天下，必先身之。立權以聚財，葵財以施智，因智以制義，由義以出信，伏信以著衆，用衆以行仁，安仁以輔道，迪道以保教，善教以正俗，從俗以毓質，崇質以恢行，動行以典禮，制禮以定情，原情以道性，復性以一德，成德以叙命，和命以安生，而天下自爾治，萬物自爾得。神志不勞，而真一定矣。子以蕞爾之身而百夫之所爲備，故天和莫至，悔吝屢更，生殺失寒暑之宜，動静戾剛柔之節，而貪欺終無所用，無乃已浮乎？'黄帝乃終身不違而天下治。"自昔傳軒轅求道於天真皇人在坪上宋皇觀，古有授道臺，今皆不可知也。

明萬曆間，道德禪師建降龍院於坪上。清初，元亨禪師居之[二]。康熙壬午，御賜匾額曰"善覺寺"，而降龍之名廢矣。又賜《金剛經》一部，其賜聯曰"到處花爲雨，行時杖出泉。"其賜老僧詩曰："名山越遍，未到天涯。願得真印，勤修離家。雷音雖拜，那見拈花。知此無益，再游中華。八旬老耋，行履不斜。言語忠厚，一字弗遮。觀爾樸誠，朕意甚嘉。峨眉逢崒，直逼雲霞。明心見性，壽守毋譁。"[三]惟所稱老僧不審誰謂也。經典、詩聯，寺僧珍藏。有八角牌樓，奉康熙帝像。其玉石刊印文曰"普賢願王法寶"者，非御賜也。寺在坪頂，殿宇卑隘，坡陡路紆，游客鮮至。然朝山居士觀康熙帝印以爲至快，故香會之際，寺僧亦不寂寞也。

伏虎寺

伏虎寺，傳行僧心庵開建。心庵行事、年代俱莫能詳。宋紹興間曰龍神堂，虎狼爲患。僧士性建尊勝幢鎮之，虎患乃息，因名伏虎。或曰

[一]"之"，原脱，據刊誤表補。

[二] 按，道德禪師與元亨禪師見《峨山圖志》之《報國寺至善覺寺圖説》。

[三] 按，此處所引之詩見雍正《四川通志》卷三九，嘉慶《四川通志》卷一三所載則末句作"静守毋譁"。《峨眉文史》第十五輯刊熊峰《峨眉山留存的康熙墨寶》一文，詳載此行書詩軸之款式、印文，言下方有"賜元亨和尚"五字，知此詩軸尚存，作"壽守毋譁"也。而作"静守毋譁"者，見《聖祖仁皇帝御製文集·二集》卷五〇，或是結集時更訂者。

山形如虎之蹲伏也。明末改名藥師殿，乃峰頂楞嚴閣下院。然宋、明諸賢之游記著録不詳，蓋以其爲小廟也。

明崇禎時，貫之禪師者，犍爲王氏子也。甫離襁褓，穎慧過人，每聽佛法，怡然自得。禮嘉州金碧庵三濟和尚，剃染，窮研佛典，虚心請益[一]。隨就夙明法師受沙彌戒。甲申蜀亂，隱於銅河，堅修净業。戊子之歲，詣嘉城，請澄江和尚受具戒。其勇猛精進，非人所能及也。明、清兵戈之際，山中諸剎香火荒凉，虎狼窟穴，行人絶迹，食窘僧飢。貫之上人竭囊糴米，運供峨山之僧，僧咸戴德。於是，四峨山印宗、瞿如二禪師謀於通山耆宿，以伏虎寺名勝久廢，請師開建。順治八年辛卯春，師命衆誅茅，親覓舊址，建虎溪精舍。登峨宰官高其願力，勸修叢林。又復興工結構，歷廿餘年，創建前後左右殿堂樓閣，巍然焕然，爲峨眉第一大觀。

當是時也，擔荷煩劇、與有大功者，則其徒可聞禪師也。可聞，金陵當塗趙氏子，將誕之夕，母夢白蓮。尚在髫齡，天資穎異。初在青山，禮慶齋，祝髪披緇。癸未秋，護送普賢大士香像於峨眉供奉。世運滄桑，兵火流離，寓嘉陽金碧庵，因禮貫之爲師。貫之之修伏虎寺也，可聞董監院之事，預修建之勞。順治庚子，厥功告成。紺殿瓊樓，璀璨輝煌；菩薩金像，莊嚴妙好。禪堂、齋所、僧寮、雲水、厨庫、倉浴、橋亭、山門，并師之功德也。其徒寂玩上人，勤修密行，廣種杉、楠、柏樹，準大乘經，一字一株。倏爾樹林陰翳，禽鳥和鳴，勁節萬竿，集鳳飲露。計其興復之期，垂四十年，規模大備。

夫宋、明時代，小廟廢弛；順、康之間，巍然大剎，於此知名山古寺之不能無大德也。且自貫之禪師建學業叢林於寺，破山禪師稱其“集有志緇流，究性相之深詮，窮離文之妙旨；破以前之堅礙，消歷劫之固執；融五教十玄於毛孔中[二]，會六相五宗於揚眉處”[三]。余又知虎溪禪林高僧輩出，如與峨、明宗、照圓、照玉、照瑞、照元、實如等，并能精研典籍，宏揚佛法，慧燈相續，不墜師承者，有由來也。

[一]“請”，原作“謂”，據刊誤表改。

[二]“玄”，原作“玹”，清人避諱之字，而劉君澤照引不改，今改爲本字。

[三] 按，此處引文見蔣超《峨眉山志》卷一〇《伏虎寺開學業禪堂緣起》。

往嘗瞻禮古寺，徘徊階陛[一]，樓閣崇宏，殿堂敞廣，花木榮茂，林薄陰深，静雅幽清，諸山無匹。寺中陳希夷所書“福壽”、張三丰所書狂草及翻刊金頂銅碑等石刊，均甚完整。惟康熙御賜“離垢園”匾、御撰律詩及金字《心經》《金剛經》《藥師經》各一部，散佚已久，墨寶不見矣[二]。而寺下玉皇樓張三丰榜書“虎溪禪林”四字，渾厚俊逸，書法絶妙，諸山之字罕與倫比。所惜關帝廟荒，太湖庵廢，無量殿頹，飛龍庵圮，龍神堂坍，蘿峰庵闃。虎患息矣，石幢僅存；蟄龍飛矣，頑石猶在。而“震旦第一山”之坊，今非故址。東溪左元放之墓[三]，杳難問津。五百羅漢之堂，香火寂寥。丈六金身之佛，莊嚴冷退。大德無人，衰相見矣。比丘數十，何以處之？

蘿峰庵

蘿峰庵，伏虎寺静室也。初名龍鳳輝室，蔣太史居之，乃易今名。太史名超，字虎臣，金壇人。年二十四，以順治四年吕宫榜一甲第三名進士及第，授修撰。主浙江鄉試，提督順天學政，上疏請復古學，禁有司刑貢諸生。每草疏，先焚香籲天，以格上聽。後謝病，游五岳，又自楚來蜀。康熙壬子夏，居峨眉山伏虎寺，卒年四十九。超性和易，與人厚，濟人之急，不念舊惡。生時，其祖母夢爲峨眉老僧，故自幼即斷葷血。施閏章爲作墓志銘[四]，易順鼎爲之傳[五]。超憩山數月，從事輯志，浹月告成。金儁大聲序其端。

考太史之前，專志峨眉之撰述共十四種：《峨眉山神異記》三卷，漢張道陵撰；《峨眉志》三卷，宋張開撰；《峨眉記》，見《宋史新編》；《岷峨志》，明張庭撰；《峨眉傳》，明明光道人撰[六]；《峨眉凌雲二山志》，明

[一]“陛”，原作“陞”，顯係形近而誤，據文義改。

[二] 按，據《峨眉文史》第十五輯刊熊峰《峨眉山留存的康熙墨寶》一文，“離垢園”三字書紙尚存。

[三] 按，左元放即東漢方士左慈，安徽廬江人，峨眉山不可能有其墓，此処所云當係傳説耳。

[四] 按，此墓志銘即《學餘堂文集》卷一九之《故翰林修撰蔣君墓志銘》。

[五] 按，易順鼎有《琴志樓叢書》，未收此文，然見於《虞初近志》卷四。其文篇幅較短，雜施閏章之墓志銘及王士禛《池北偶談》卷八“蔣虎臣”條等而編成。

[六]“明光”，原誤倒，據刊誤表乙正。

袁子讓撰[一]；《游峨集》一卷，明殷綺撰[二]；《游峨集》，明富好禮撰；《峨眉山志》十卷，明喻廣文撰[三]；《譯峨籟》，明胡世安撰；《峨山志》，明張庭撰[四]；《峨眉縣志》，明尹宗吉撰[五]；《大峨志》，見《山志》；《峨山志》，清初張能鱗撰[六]。康熙壬子八月，太史輯成《峨眉山志》，此大難事，讀者不可忽也。太史竟以次年歸道山[七]，惜哉！志成，可聞禪師藏之。康熙丁卯，按察使曹熙衡據蔣志重修，乃付梓印行。年久版壞，訛誤甚多。道光十四年，縣令胡林秀校之。光緒乙酉，果重禪師翻刻《山志》，玉屏山人郭師古校其訛謬，書於《志》後。民國甲戌，印光法師依據曹《志》訂目重編，《志》益完整。然印光法師未到峨眉，訛誤、脱漏未能改正。當爲讎校，令成無瑕之璧焉[八]。

餘如清末黄錫燾《山志圖説》[九]，胡啓心《峨眉十記》[十]，民國乙

[一] 袁子讓：嘉慶《湖南通志》卷一三八云："袁子讓，字仔肩，郴州人。萬曆辛丑（一六〇一）進士，知嘉定州。愛民訓士，擢兵部員外郎。入都，士民攀轅號泣。"

[二] 殷綺：明代雅州知州。宣統《峨眉縣續志》卷一〇云："《游峨合編全集》，明殷綺撰，綺署雅州知州。嘉靖九年（一五三〇）庚寅，巡按御史邱道隆偕官吏游峨山，有詩倡和。嘉靖二十一年（一五四二）壬寅，巡按御史謝瑜亦踵倡故事。綺因合二人及同游諸詩編爲一集。"

[三] 按，此處稱喻廣文撰，不妥，廣文乃儒學先生之尊稱而已，此人名喻志祥，可參蔣超《峨眉山志》卷一二之《題喻廣文〈峨眉山志〉》。

[四] 張庭：字子家，明代夾江縣人。嘉慶《夾江縣志》卷八《人物志·宦業》下列其小傳云："張庭，字子家，嘉靖進士。歷吏部文選郎中，博學有才識。遇事敢言，以直言忤權貴，左遷副使。有《兀山存稿》《岷峨志》《邑（夾江）志》《玄覽要略》等書。"今按，所謂《峨山志》，當即小傳中之《岷峨志》也，已佚。此志或别稱《峨眉山志》，如熊過《南沙先生文集》卷五即有《題張氏峨眉山志後二首》。

[五] 尹宗吉：乾隆《峨眉縣志》卷六《名宦·明歲薦》云："尹宗吉，字師周，任安塞知縣。"順治《安塞縣志》卷七《職官志》稱此人嘉靖中任縣令。

[六] 張能鱗：字玉甲，又字西山，明末清初順天大興人。順治四年（一六四七）進士，官至四川按察使副使，《清史列傳》卷六六有傳。據雍正《四川通志》卷三一，此人順治十八年（一六六一）守上南道，康熙元年（一六六二）分巡建昌道。今存别集《西山集》，卷二載《峨眉志略序》；卷四收《洗心石説》；卷七收《峨眉志略》《登峨眉賦》。

[七] "次"，原作"其"，劉君澤殆以爲蔣超卒於康熙壬子者，誤矣，據《學餘堂文集》卷九《故翰林修撰蔣君墓志銘》，"於癸丑正月遺書别當事，越三日，沐浴端坐，留詩而逝"，則蔣超卒於康熙癸丑（一六七三），故改之。

[八] "璧"，原作"壁"，形近而誤，據文義改。

[九] 按，此書即《峨山圖志》，主要由譚鍾岳編成。

[十] 胡啓心：字品三，崇慶人。自幼博覽群書，光緒甲申（一八八四）補博士弟子員，戊子（一八八八）鄉試第二，後入都應考，得候選州判，從王晉卿等游，善古文。所著《峨眉十記》，翁同龢、吴汝綸等盛贊，但此文并未付梓，不知今日尚存否？其小傳見民國《崇慶縣志》卷八之二。

亥張嘉鑄之《峨眉山》——此書收集甚富[一]，有據以作簡明導游者。至於西人費爾樸英譯《山志圖説》[二]，則又開山志新紀元也。此外，明楊慎、余承勛有《峨眉山聯句》[三]，來知德有《游峨賦》[四]，廖大亨有《甄奥賦》[五]，清李調元[六]、李以寧[七]、毛翰豐各有《峨眉山賦》[八]。近人徐震有《游峨眉山賦》[九]，并足莊嚴名山。

[一] 張嘉鑄：又名張禹九，張幼儀的八弟，參與創辦新月書店，後又從事銀行業，二十世紀三十年代進入中國銀行。他編的《峨眉山（四川旅行叢刊）》即由"中國銀行總管理處經濟研究室"出版，此書現存。關於其人，可參韓穎《"新月"前後的張嘉鑄》（載《中國現代文學研究叢刊》二〇一一年第八期）。

[二] 按，此書即《新版峨山圖志》，由華西大學英文系教授美國人費爾樸將譚鍾岳《峨山圖志》翻譯并附中文原文，合刊而成，出版於一九三六年，今存。

[三] 楊慎：字用修，新都人。正德六年（一五一一）狀元，事迹詳《明史》卷一九二本傳。◎余承勛：雍正《四川通志》卷三八之一列其小傳云："青神人，進士，官至翰林修撰。嘉靖間，議大禮被杖。錦衣百户王邦奇又假以建言邊情誣兵部主事楊惇，惇子與承勛友善，復罣誣被逮。後復職還家，著書三巖山中四十餘年。前後撫按屢爲薦剡，卒不起。今三巖深處猶有方池道院云。"

[四] 來知德：字矣鮮，梁山人。幼有至行，有司舉爲孝童。嘉靖三十一年（一五五二）舉於鄉，萬曆三十年（一六〇二）總督王象乾、巡撫郭子章合詞論薦，特授翰林待詔。知德力辭，詔以所授官致仕，有司月給米三石終其身。著有《周易集注》等，傳見《明史·儒林二》。其《游峨賦》，載嘉慶《峨眉縣志》卷八。

[五] 廖大亨：明代雲南建水人，康熙《建水州志》卷一一稱此人天啓二年（一六二二）中進士，任四川巡撫、右僉督御史。據《平寇志》卷三，崇禎十三年（一六四〇）"十月戊子朔，以廖大亨巡撫四川"，然《國榷》卷九七則稱崇禎十三年十月"戊申朔。辛酉，廖大亨爲右僉督御史，巡撫四川"。兩説互歧，據《中國史曆日和中西曆日對照表》，崇禎十三年十月朔日爲戊申，故當以《國榷》所載爲是。又據《蜀龜鑑》卷一，崇禎十五年二月，"巡撫廖大亨親憂去官"。蔣超《峨眉山志》卷一二載其《甄奥賦》。

[六] 李調元：字羹堂，號雨村，羅江縣人。乾隆癸未（一七六三）進士，歷官直隸通永道。喜藏書，有萬卷樓，刻《函海》，著《童山文集》。所著《峨眉山賦》載《童山文集》卷一。小傳見嘉慶《羅江縣志》卷二四。

[七] 李以寧：四川營山人。嘉慶《四川通志》卷一五三小傳云："字朗仙，號雪樵，康熙壬子（一六七二）舉人。從王士禎、施閏章游，并受詩學。後官廣東西寧縣知縣，公餘進諸生講授詩、古文法，士人愛之。歸里，以衰病杜門。所與游者，好古之士五六人而已。著有《綏山草堂集》。"其《峨眉山賦》載雍正《四川通志》卷四七、嘉慶《峨眉縣志》卷八等。

[八] 毛翰豐：字鶴西，仁壽人，以諸生受知於譚宗浚，選優貢生，成進士，授内閣中書，外官雲南同知、普洱府知府。有《龜床詩考》二十四卷、《龜床駢體文》十四卷，然未知存否。生平見《近代名人小傳》。

[九] 徐震：常州武進人，名震，字哲東，曾任教中央大學、武漢大學等，解放後任教於西北民族學院。其生平事迹，可參《父親徐哲東生平事略》（載《常州文史資料》第十八輯）。此人擅長駢文，著有《甲辛駢文》等，《游峨眉山賦》即收于其中，又載《斯文》一九四二年五月之第二卷第十二期。

若論記游之作，宋紹興時范石湖《峨眉山行紀》最爲詳贍。明嘉靖戊戌九月富好禮、萬曆甲戌陳文燭、萬曆戊子王士性各有游記一篇[一]。惟萬曆辛丑袁子讓之游記，耳游又多，殊難核實。萬曆辛亥曹能始游記，其寫山川甚爲紊亂。順治時，胡世安《登峨山道里紀》[二]，既詳且實。康熙時，蔡毓榮、江皋、釋徹中；乾隆時，竇絅[三]、丁文燦[四]；光緒時，胡孝博[五]、詹鴻章[六]，諸人之游記皆足輔翼山志。惟光緒戊申樓藜然《峨眉紀游》一卷[七]，考核辯證，議論以之。民國以來，高鶴年[八]、朱偰[九]、

[一] 按，此三篇游記，富好禮之《游峨眉山記》收入《古今游名山記》卷一五，另外兩篇收入蔣超《峨眉山志》卷九。

[二] “登峨山道里紀”，原作“游峨道里記”，據蔣超《峨眉山志》卷九所收此文篇名改。

[三] “絅”，原作“絅”，形近而誤，據蔣超《峨眉山志》卷九所收此人游記題名改。後文此字之誤徑改，不再出校。按，乾隆《柘城縣志》卷九載此人爲清代例貢，字天衢，竇容恂之子。光緒《柘城縣志》卷一〇著録此人有《蜀道百詠詩》《樸齋詩稿》。又按，此前所叙諸人游記皆載蔣超《峨眉山志》。

[四] 丁文燦：嘉慶《四川通志》卷一五四小傳云：“丁文燦，字翰儀，乾隆乙丑（一七四五）進士。歷官安徽亳州、霍邱諸縣，所至以興學衛民爲任。内擢後，累遷至兵部員外郎。著有《游峨詩文集》若干卷。”同治《霍邱縣志》卷八小傳又稱此人字瀛洲，一七六三至一七六六年任知縣。又據民國《太和縣志》卷七小傳，此人乾隆二十年（一七五五）至二十五年（一七六〇）任太和知縣。民國《潛山縣志》卷九，稱此人乾隆三十五年（一七七〇）署知縣，數月後升任而去。蔣超《峨眉山志》卷九有其《游峨眉山記》。

[五] 胡孝博：胡薇元，字孝博，號詩舲，别號玉津居士，祖籍山陰，順天府大興人，光緒丁丑（一八七七）進士。曾在四川、陝西等地爲官，民國時在樂山九峰書院任山長，爲趙熙之師。著有《玉津閣叢書甲編》，而其所著《峨眉山行紀》，收入《玉津閣文略》，載《清代詩文集彙編》第七七三册。关于其生平事迹，則可參毛欣然《胡薇元卒年考——兼談胡薇元與趙熙的交游》（載《阿壩師範高等專科學校學報》二〇一五年第二期）。

[六] 詹鴻章：字劭逵，四川榮縣人，生卒年不詳，大致生活在清朝末年至民國時。曾留學日本，後任榮縣書院總辦。小傳見《近代巴蜀詩鈔》。他寫了《峨眉山游記》，收於《古今游記叢鈔》卷三〇。

[七] 樓藜然：字兆福，號祥荞、蕎庵，浙江諸暨人。光緒己卯（一八七九）舉人，曾任四川梁山知縣、巴州、漢州知州，曾捐書創建諸暨圖書館。詳《諸暨・先生》之《捐藏設館興人文——記諸暨圖書館創辦人樓藜然先生》。此人曾游峨眉山，寫下了篇幅較大的《峨眉紀游》，有一九一二年成都木刻本，又收入《虞初近志》卷一一。

[八] 高鶴年：近代著名居士，生於一八七二年，卒於一九六二年，江蘇興化縣人。光緒十六年（一八九〇）開始行脚，遍訪名山，編成《名山游訪記》一書，卷一即收《峨眉山游訪記》。

[九] 朱偰：生於一九〇七年，卒於一九六八年，字伯商，浙江海鹽人。德國柏林大學經濟學博士，回國後任教於中央大學。除了研究經濟，還對南京名勝古迹有深入研究。著有《金陵古迹名勝影集》《金陵古迹圖考》等書。他於一九三六年七月下旬游峨眉，撰《峨眉紀游》，收在《入蜀記》中。

高覺敷[一]、許欽文[二]、李春昱[三]、張志和[四]、易君左[五]、沈伯棠等[六]，并有游記。劉光閣[七]、劉豫波[八]、劉鰲[九]、邵祖平等[十]，各有游草以寫勝概。統覽衆作，可以考興廢，可以觀風俗，可以窺兹山諸寺之隆替也。

[一] 高覺敷：生於一八九六年，卒於一九九三年，原名高卓，字覺敷，以字行。浙江温州人，著名心理學家，南京師範大學教授。主要著作及事迹可參《中國現代社會科學家傳略》第四輯之《高覺敷自傳》及高醒華《高覺敷傳略》（載《温州師範學院學報》一九九五年第四期）及郭本禹、魏宏波《心理學史一代宗師高覺敷傳》。據其自傳，一九三二年至一九三三年在四川大學任教，其游峨眉應在一九三二年七月。所作《峨眉之游》，收入開明書店一九三五年版《我的旅行記》。

[二] 許欽文：生於一八九七年，卒於一九八四年，原名許繩堯，浙江山陰人。任教於杭州高級中學、成都美術學校等，詳人民文學出版社出版的《欽文自傳》。許氏有《峨眉山上的景物》，收入《許欽文散文集》。

[三] 李春昱：生於一九〇四年，卒於一九八八年，河南汲縣人，地質學家，一九二八年畢業於北京大學，一九三七年獲德國柏林大學博士學位。一九二九年至一九三一年在西南地區考察，回北京後，發表了《峨眉山地質》。一九三三年再赴四川考察，登峨眉山，同年秋返京，寫了《峨眉山地質補遺》。事迹可參潘雲唐《李春昱先生傳略》（載《中國科技史料》一九八三年第三期）。不知劉君澤所謂游記，是否即《峨眉山地質》與《峨眉山地質補遺》。

[四] 張志和：原名張清平，字志和，以字行。邛峽人，生於一八九四年，卒於一九七五年。早年參加同盟會，後在川軍中歷任營長、團長、旅長、副師長等職。一九二八年加入中國共産黨，後長期從事地下工作。新中國成立後，任國務院參事、民盟中央委員等。他在一九三三年編寫了《峨眉游記》一書，由學藝出版社出版。關於其生平事迹，可參《長征路綫四川段文化資源研究·邛崍卷》及《紅色印記 成都市革命遺址與紀念館》之《張志和故居》等。

[五] 易君左：生於一八九八年，卒於一九七二年，湖南漢壽縣人，易順鼎之子。原名易家鉞，號意園。一九一五年留學日本早稻田大學，一九一八年歸國，在上海創辦《救國日報》，一九二〇年發起奮鬥社，創辦《奮鬥》《家庭研究》等刊物，其後參加北伐，任安徽大學教授、國立西北大學師範學院教授、珠海學院教授等。一生著述頗豐，有《中國政治》《中國文學史》等。小傳見《中國近現代高等教育人物辭典》。他的母親是樂山人，爲了陪母親回樂山，於一九三九年八月登峨眉山，寫下了《淡寫峨眉》一文，收入中國旅行社一九四三年編的《川康游踪》一書，據其文自稱，還有《峨游詩録》，暫未知存否。

[六] 沈伯棠：生於一八九〇年，浙江湖州人，沈譜琴之子（此據《湖州文史》第五輯所載沈氏自撰《沈譜琴興學》一文，其餘事迹不詳）。沈氏寫了一篇《峨眉記游》，收在《旅行雜志》一九四〇年第四期。

[七] 劉光閣：據《近代巴蜀詩鈔》所收小傳，此人生於一八五七年，卒於一九二一年，字星南，四川夾江人。一九〇九年畢業於四川法政學堂，署井研縣教諭。入民國，歷任中小學教師。他有《崇禮堂詩文合刊》四卷，藏四川省圖書館；另有劉華甫選本《崇禮堂詩抄》一卷，亦藏省圖。

[八] 劉豫波：生於一八五六年，卒於一九四九年，劉止唐之孫，劉桂文之長子。名劉咸滎，字豫波，别號豫叟。光緒二十三年（一八九七）拔貢，曾任内閣中書，清末執教於尊經書院。後任四川省參議院、四川佛教會名譽會長、華西大學教授等。其著作有《静娱樓詩文存》《動善全集》等。小傳可參《持一句佛號回家 凈宗大德昌臻法師傳》之《外祖父：蜀中"五老七賢"劉豫波》。此人著有《峨眉游草》，今存民國二十年刻本。

[九] 按，此人生平不詳。

[十] 邵祖平：生於一八九八年，卒於一九六九年，字潭秋，别號鍾陵老隱、培風老人，江西南昌人。爲章太炎高足，《學衡》雜志主編，先後任教於四川大學、華西大學、西北大學等。著有《文字學概論》《詞心箋評》《培風樓詩》等。另有《峨眉游草》，一九四三年排印本。小傳見浙江大學出版社二〇〇〇年版《培風樓詩》所收《邵祖平教授傳略》。

雷音寺

雷音寺，明嘉、隆間之觀音堂，清初之解脱庵，無瑕禪師結茅處也。師名廣玉，資縣人。年三十餘，祝髮於大足縣寶頂寺，了悟心性，洞游無生。游峨眉，登鎣華，攝心退熊，定寂走虎，名震四方。沙門禮敬，檀越爲之創寺，名曰雷音。萬曆甲申三月七日，趺坐道偈云："反身登臺化樂天，隻手單拳不用船。百萬人天獅子吼，空中還有不二禪。"言畢坐化，事詳明邊維垣《無瑕禪師塔銘》中[一]。

寺光緒中建，廊廡不廣，亦非弘麗。然踞高岡，傍危巖，叢林鬱鬱，澗水泠泠，蟬韻鶯歌雜乎魚磬，禮佛至此，以境會心，當解脱塵緣也。寺外解脱坡下有仙人會，蓄水一池，供客沐浴，明萬曆末已荒廢無迹也。有解脱橋，架馬家溝上。橋右折登山，爲入新開寺路。山如伏虎，巖巖百尋，御麥青青，被陵掩谷，朝山禮佛罕到新開寺，故道無行人焉。

華嚴寺

華嚴寺，山中六大古寺之一也。順治甲申，土寇焚之。道、咸以後之建築，又零亂不完。今且庭生菽麥，階茂繁蒿，佛殿塵封，魚磬長寂。過寺門者，望望然去之也。寺唐室開建，昌福達禪師實卓錫焉[二]。師眉州人，曾參晦機，了悟本來者也。隨有正性和尚重修佛殿，節棁盤螺，轑蓋佛座，名雲篆殿。唐僖宗時，慧通禪師易寺名曰歸雲閣。宋仁宗時，茂真重修。

熙寧中，有純白禪師依寺落髮受具。師姓支氏，梓州人。父謙，聞法於松山道者。師少聞父誨，諦聽沉思。遍歷成都講肆[三]，通性、相宗經論。南游澧州，謁太平俊禪師。後詣黄蘗[四]，禮真覺勝禪師。元豐末年，領昭覺禪院，遵南方規範，一變律居。上堂示衆，有曰"不起性海，是理事縛；不透聲輪，是語言縛"。於是，蜀之浄侶靡然向風，士大夫執

[一] 按，此塔銘載蔣超《峨眉山志》卷一一。
[二]"達"下，原有"道"字，據《五燈會元》卷八小傳删。
[三]"肆"，原作"肄"，形近而誤，據蔣超《峨眉山志》卷四小傳改。
[四]"蘗"，原作"孽"，形近而誤，據蔣超《峨眉山志》改。

弟子禮。及乎歸寺，建立綱宗，久之示寂。寺之大德可紀者如此。

紹興三年，僧士性重修，有紹興中碑。明陳文燭讀之，謂發涅磐之蘊，演匆照之明，令人爽然，則碑文可想見矣。宋白約詩石刊，富好禮見之，後無得見者。南宋中葉，名華嚴院。明洪武時，僧廣圓重修，掘得宋碣，蓋紹興中物也。鎸“華嚴堠”，左刊“至州十五里”，右刻“至山頂七十里”。成化間，改名會福寺。凡螺殿、碑堠，清初猶存，胡世安、江皋猶及見之，今則杳無形迹矣。

寺後有玉女峰、雲卷石、古心坪諸勝。宋邛州刺史遂寧馮楫[一]，號不動居士，晚年結廬峰下，日諷《華嚴經》，感天女饋食。峰頂玉女池，歲旱不竭，傳爲天女浴盤。寺左明時楠木坪，樹如寶蓋，葱箐十餘里。萬曆中大楠一株，孤挺千尺，枝葉茂密，青蓋幢幢，覆地一畝。行者避暑雨於其下，稱木凉傘。康熙以後池廢楠摧，僅存其名。惟玉女峰娟娟林表，不减當年秀色也。寺附近，宋青竹橋、峨眉新觀、明華林院、鳳嶺庵、飛龍庵，今并不知其處。

純陽殿

純陽殿者，舊吕仙行祠也。明萬曆乙酉，御史衛陽子赫瀛創建[二]。逾五十年，爲崇禎癸酉，巡按四川監察御史劉宗祥增修[三]，名曰純陽吕祖殿。各親爲文記實，二碑完好，均在後殿。夫廿四化山，洞天無數。峨眉洞天如人間聚落，獨不在數中。然自廣成而下，若周之葛由、張仲、楚狂、鬼谷，兩漢之史通平、丁次卿、瞿君武、宿山圖、左慈、許碏、紫陽真人，梁之陳芳慶，隋之孫思邈，唐之彭植、牟安，宋之陳圖南、葛長庚[四]，皆嘗雲游峨眉，頗傳神異。而吕洞賓、張三丰仙迹尤著[五]。

[一] 按，此人事迹可參蔣超《峨眉山志》卷五小傳。

[二] 赫瀛：萬曆九年《四川總志》卷九《秩官·巡按御史》云：“赫瀛，濬縣人，進士。萬曆十二年（一五八四）任。”

[三] 劉宗祥：雍正《湖廣通志》卷五二小傳云：“劉宗祥字梧陽，黄岡人，天啓乙丑（一六二五）進士。令金壇，舉最，爲御史。懷宗初，巡按江西。廷對興利除害數條，稱旨。繼巡四川。陛見，面劾少宰張捷行私，捷坐免官。後爲江西巡撫，致仕。”

[四] 按，以上所録相關人物，皆可參蔣超《峨眉山志》卷五。

[五]“丰”，原誤作“豐”，據《明史·方伎·張三丰傳》改。

御史内江龔懋賢曰："祠純陽則皇人爲不泯。"[一]督學龍眠江皋曰："昔人建此，以峨眉仙家道場，欲存天皇一脈耳。"[二]

殿之東北有宋皇觀、授道臺，傳爲皇人授《九仙三一五牙經》處。有道紀堂，幽館别室三百五十間。臺右千人洞，即虚靈第七洞天。又有十字洞，吕仙以劍劃成。洞右升仙臺，則瞿君武飛升處也。殿後赤城山，爲赤城隱士舊居。此外，峨眉山域内若丹沙、紫芝、三仙、九老、玉蟾、爛柯、葛仙、李仙、伏羲、女媧、鬼谷、無懷、真人等洞，及隴寧山、大牙仙、仙人會、仙人手、仙人面、仙人石、仙姬池、遇仙寺、八仙樓、紫蘭泉、蓬萊三島石，凡此仙迹，方志載之。自明以來，士民津津稱道也。清初，乃重樓瑰瑋，奉大士、彌勒，增修寮房以栖僧衆。雖仙佛同宗，而黄冠絶迹。乾、嘉以後，佛殿益宏，或且譏純陽爲寓公矣。

殿後華嚴坪，即古赤城山，昔有香烟、羅漢、白雲三寺。殿下道旁危臨巨壑，中伏石，狀類艅艎，爲普賢船，俗呼石船。萬曆初，竪"藏舟於壑"坊。三寺與坊，今并荒廢。殿合四層，布在山坡，修竹茂林，繚環殿宇。繁枝密葉，蔽日遮天，客舍僧寮暗如昏夕。惟海棠極盛，胡孝博云："階卷幽芳，院傾穠艷，莖高過菊，葉大如桐。"[三]今且六十年矣，其榮茂猶未稍衰云。

慧燈寺[四]

慧燈寺，清初之天慶庵，智信和尚閉關處也。寺外五十三步，峻坂險窄。明蜀獻王下輦步行，後人重之，步備一凳，計其步數。寺左有寶掌、香爐、白巖、黄帽、赤城、玉女諸峰，逶迤相屬，斜走東南[五]。右則萬年、

[一] 龔懋賢：四川内江人。天啓《新修成都府志》卷二一載其小傳云："龔懋賢，字晋甫，内江人。性敏學博，有倚馬才。隆慶丁卯（一五六七），與兄懋賞同舉於鄉；戊辰（一五六八）進士。令廬陵，奏最，選授御史。按東粤，懲貪訓廉，海忠介公深服之。京師大旱，詔求直言。乃上五少三多疏，謂天下任事之臣少，皇上心膂之臣少，兵少，財少，公論少，爲五少；天下刑獄多，冗費多，議論多，爲三多。疏入，報聞，尋觀察河南。爲忌者所中，遂堅意求歸。著書有《明發堂稿》《學業通》《古本參同注疏》，皆卓可傳云。"此處所引見蔣超《峨眉山志》卷九《純陽宫記》。

[二] 按，此文出《游峨眉山記》，載蔣超《峨眉山志》卷九。

[三] 按，此文出《峨眉山行記》，載《玉津閣文略》。

[四] "慧"，原誤作"會"，據全書目録及正文改。

[五] "走"，原作"去"，據刊誤表改。

金龍、白龍、龍門諸山，秀嶺蜿蜒，直走東北[一]。自赤城分出小嶺名馬鞍山，傾向龍門，圍成大谷，周匝數十里。寺在馬鞍，坐東面谷。寺僧玉清新構虚樓，樓與殿平。凡遠天碧色，遠山蒼翠，朝暉夕照，山容爽明。御麥隨風，緑波萬頃，興雲出岫，白練横空，只坐樓中，盡入眼底。

寺後山地傾側，園蔬頗盛。建亭山椒，尚未落成。東望諸峰，如在海底。惟石船怒濤，不舍晝夜，若鐘若磬[二]，響窮山谷而已[三]。寺附近，清初有距那小庵，今荒廢，不識處所也。大智庵，購民舍爲之。

神水閣

神水閣，萬曆末之神水庵，清初之聖水閣也。背負黄帽，面望龍門，左則山潮聲遠，右則慧燈長明。緑竹青林，前後覆蔭，大德所止，餘風未泯。蓋高僧化機所隱，明巡撫安慶吴用先舊居也[四]。舊室新構，纔四五楹，然布置雅潔，頗類民居。階下石塔高過殿檐，塔凡十層，雕鏤古樸。檐牙高啄，石鐘危懸，佛像數十，脱落者半。惟刻字漫漶，事與年代莫能詳焉。

殿下泉名玉液，範水爲池，名曰流杯。陳玉叔來游，爲文贊之。頑石一枚，傾側池畔，石上鎸“大峨”二字，吕純陽書；“福壽”二字，陳圖南書，所謂“白鶴踏芝田、青龍蟠玉柱”者也。“神水”二字，明洪武中僉督御史眉山張景賢書[五]。邑中張氏族類實繁，自宋末由吴入蜀，輾轉來峨，景賢其顯者也。曹能始曰：“‘福壽’字殊俗筆，‘大峨’‘神水’

[一]“走”，原作“去”，據刊誤表改。

[二]“磬”，原作“磐”，據刊誤表改。

[三]“窮”，原作“穹”，據刊誤表改。

[四] 吴用先：字體中，號浮渡居士，安徽桐城人。乾隆《江南通志》卷一二三稱其爲萬曆壬辰（一五九二）進士。同書卷一四六小傳云：“吴用先，字體中，桐城人。萬曆壬辰進士，由臨川令累官都御史、巡撫四川。時播州亂，大將劉綎以議餉不進。用先躬率師先之，督綎合戰，戮力剿撫，數月蕩平。尋謝病。上憫其勞，特賜考績，予告家。居八年，起少司空，改樞貳，總督薊州。建防禦十策，殫力籌畫。會璫禍起，致政歸。”據《明神宗實録》卷五〇一，萬曆四十年（一六一二）十一月戊申，升浙江布政使吴用先爲都察院右僉督御史，巡撫四川。

[五] 張景賢：雍正《四川通志》卷九之上小傳云：“愈嚴之孫，備兵洞庭，解散群盗。又禦倭於狼山，大捷，世宗賜金帛。擢至右僉都御史，以不合時相閑住。詩文、書法俱臻絶妙。”《萬姓統譜》卷四〇小傳稱其字勉之。

亦無謂。”[一]道旁頑石奇大，鎸“郡人張鳳翃、章寓之、王宣、安磐、徐文華、程啓充正德庚辰季夏六日”廿六字。此外，“雲根”二字，安磐書；“鳳谷”二字，在楝書[二]；“開闢奇觀”四字，閩人郭日烜書[三]，雖年久漫滅，猶隱約可見。池側石穴，泉流涓涓，清洌如酒。穴石篆“浴衷”二字，其剥蝕難讀者不贅也。

竪碑十餘通，“靈陵太妙之天”六字，字高五尺，一字一碑，有屋覆之，筆意似魯公，萬曆己丑督學郭子章書[四]。“雲外流春”碑，款存“書屋”二小字。“雲外流春”不類東坡書。龔懋賢詩碑傾側，石硬。李一鰲詩碑立御麥中[五]，多風蝕，不可盡讀。另有古碑，字滅十之五。好名者摩去舊文，書“天下第一泉”五字，殊賤視古物也。《志》稱智者大師，台宗元祖，嘗住中峰寺，數游神水。後居荆門玉泉，定中知玉泉、神水同源，思飲神水。見老人，自稱龍王，願爲取水。師曰：“鉢盂、錫杖寄中峰寺，同與俱來，乃可信也。”於是龍王引水浮鉢杖，出於玉泉洞口，或云此玉泉龍女事也。故池上有天啓六年神水通楚碑。然印光法師謂智者一生未嘗至蜀，則謂塔爲大師衣鉢塔與神水遠通荆門，同爲俗僧妄傳，而好事者附會也[六]。

順治時，池畔有亭，曰水竹居，曰玉液亭，曰宗漏亭，今并廢。池下棋盤石，亦贋物。附近清初有龍泉、天台二小庵，均荒廢，不識處所也。

[一] 按，此文出《辛亥游峨記》，載蔣超《峨眉山志》卷九。

[二] 按，此處疑有脱誤。

[三] 郭日烜：乾隆《泉州府志》卷四九小傳略云：“字宗實，號旭東，同安人。萬曆癸酉（一五七三）舉人，己丑（一五八九）進士，授嘉定州牧。”萬曆《嘉定州志》卷二、同治《嘉定府志》卷二一等作“郭日晅”，或誤。又，據《嘉定州志》，此人萬曆十八年（一五九〇）任嘉定州知州。

[四] 郭子章：泰和人。字相奎，號青螺，又號蠙衣生。隆慶辛未（一五七一）進士，官至兵部尚書。萬斯同《明史》卷三三三有傳。雍正《四川通志》卷六小傳稱“萬曆十四年（一五八六）以副使提督四川學校，品士稱得人”。

[五] 李一鰲：明代陝西南鄭縣人，康熙《陝西通志》卷二一小傳稱其字虹西，萬曆庚戌（一六一〇）進士，先任大名縣令，後歷官布政使。而據《明熹宗實録》卷五七，天啓五年（一六二五）三月，升“清軍驛傳道南京吏部考功司郎中李一鰲爲陝西按察司副使”；同書卷五九，天啓五年五月辛酉，“改新升山西按察使司副使岢嵐道李一鰲於四川上川南道”；同書卷八〇，天啓七年（一六二七）正月乙未，“加升四川分巡上川南道按察司副使李一鰲爲布政使司右參政，改川西分巡道”。可知此人在嘉定州任職時爲天啓五年五月至七年正月。蔣超《峨眉山志》卷一五收其《神水》等詩。

[六] 按，前文所謂《志》，見蔣超《峨眉山志》卷二；後文印光法師之説，見印光《峨眉山志校注》之《重修〈峨眉山志〉流通序》。

大峨寺

大峨寺，距神水閣不及百步。蓋萬曆初年之福壽庵也，僧性天開建[一]。自九曲渠廢，池不流觴，墨客騷人忽焉絶迹，而海棠古木亦不復爛放紅英也。清初重建，名大峨庵。康熙中，峨邊參將李禎從捐資增廣[二]，更庵爲寺。乾隆之際，又經修葺。康、乾二碑立風雨中，苔蘚蔽之，不可盡讀。康熙御賜“洗鉢泉初暖，焚香晚更清”十字，僧珍藏之，不肯示人。

光緒乙酉，寺僧圓明廓而大之，樓閣廊廡崇閎無匹。子孫叢林，此其首也。寺富於田産，無待檀施。然不研經典，爲可惜也。唐大曆中，太常博士邑人仲子陵通后蒼、大小戴《禮》，自名其學，最爲卓異。少時讀書大峨石，其下帷處今不可知。寺左，傳有楚狂舊廬，明弘治時督學王敕更名歌鳳臺[三]。丈雪通醉曰魯直太史易爲歌鳳臺[四]。嘉靖初，渝州守富好禮

[一]“性天”下，原衍“果”字，據蔣超《峨眉山志》卷三删。

[二]“禎”，原作“楨”；“從”，原脱，據蔣超《峨眉山志》卷九《增修古大峨寺記》署款改、補。又據乾隆《峨眉縣志》卷六，此人爲湖廣籍，四川人，曾任峨邊營游击。據同書卷三，此人捐資修建了鐵橋、關帝廟等，頗熱心地方公益事業。

[三]“鳳”，原誤作“風”，據蔣超《峨眉山志》卷二改。◎王敕：嘉靖《山東通志》卷二九小傳云：“王敕，字嘉謚，歷城人。成化甲辰（一四八四）進士及第，授翰林編修。謫判夷陵，升四川僉事、河南提學副使，終南京國子監祭酒。博極群書，尤善風角，習堪輿，推驗多中。所著有《五經通旨》《漫游雲芝》諸稿，《大成樂譜》。”《明孝宗實録》卷三六“弘治三年（一四九〇）三月戊午”條云：“升刑部員外郎馬璠、湖廣夷陵州判官王敕、河南光山縣知縣周洪、湖廣郴州判官張鼐、大理寺寺副張軏、福建光澤縣知縣劉俊，俱爲按察司僉事。璠陝西，敕、洪俱四川，敕提督學校。”據此，則改名一事應在弘治三年之後。

[四]丈雪通醉：《重修昭覺寺志》卷二有其小傳，云：“内江李氏子，夢僧入室而生。五歲時，母携入寺，見金像，問曰：‘此何人也？’母曰：‘此佛也。’師曰：‘他日我必效此。’於是懇求削染。母歸，謂父曰：‘此子有出塵志。’明辰送入古宇山，禮清然落髮，法名通醉……劫運消滅，重闢昭覺，乃恢復焉。時康熙二年（一六六三）癸卯，師五十四歲……晚年休息於佚老關。癸酉十月，沐浴趺坐，作《真歸告》，示寂。有《語録》十卷，《里中行》一卷，《青松詩集》一卷，《雜著文》二卷行世。世壽八十四，坐臘七十八。”丈雪生於萬曆三十八年（一六一〇）無疑議，但其卒年與享壽，此處稱卒於癸酉（康熙三十二年，一六九三），享年八十四；同書卷七載梁顯陟所作《塔銘》，則稱“忽丙子冬，老人微疾，辭世時年八十有七”。丙子指康熙三十五年（一六九六），倒推生年亦爲一六一〇年，但享年爲八十七年。楊曾文先生《明末清初丈雪通醉禪師及其禪法略論》（載《西南民族大學學報》二〇一〇年第十二期）據《昭覺丈雪醉禪師年録》等，亦定其生卒年爲一六一〇至一六九六，但《年録》所載内容實止於八十四歲時，則楊先生所據或亦是此《塔銘》也？另外，王路平先生《明末清初貴州禪宗大師丈雪和尚評傳》（載《貴陽高等師範專科學校學報》二〇〇三年第一期）則言通醉卒於康熙三十四年，惜未提所據爲何。我們認爲，當以卒於康熙三十五年爲確。

頗不謂然[一]。夫仙佛聖賢爲俗僧攀附，固難自訟也。臺左響水橋，間聞水聲起自巖壑。林樾蕭森，疑廣陵濤、三疊泉震撼山谷。然水之踪迹杳不可覓，是名山潮，可驗晴雨，可卜豐歉。明嘉靖甲辰，進士邑人高光有《山潮記》[二]，辭乏理趣，兹不贅録。光官至雲南按察僉事。

寺舊有靈文閣，附近有呵呼、勝峰、彌陀、立禪四庵及曹溪洞、曹溪閣等，清初猶存，胡閣老猶及見之，今已荒蕪，罔知其處[三]。惟亭亭古松，虬枝龍鱗，高出雲表，猶是萬曆中舊物也。胡閣老名世安，號菊潭，井研人。

中峰寺

中峰寺，山中六大古寺之一也。本晉乾明觀，時黄冠鶴氅爲二月三日飛升所惑，遠法瞿武，歲以爲常。明果大師者，資州人也。祝髮龍游，嘗親大德，一聞開示，頓悟厥旨。及返蜀，游峨，卓錫於寶掌峰。聞觀中妖孽，爰伏獵箭，射得白蟒。尋理其處，白骨滿窟。羽人悔悟，迎師承事，因改觀爲寺焉。

夫峨眉仙山，自漢迄隋，皇人願王[四]，分庭抗禮。唐室以來，道微佛盛，於是洞名羅漢，巖曰觀音、菩薩、洗象。高僧伏虎，深蘊佛義，警惕游人。至如大覺、正覺、息心、觀心、楞嚴、法華、般若、定慧之屬，凡有命名，一一佛化，更觀名寺。惟中峰獨早耳。唐慧通禪師更寺名曰集雲。宋仁宗時，高僧茂真重修寺宇。紹興之際，密印禪師領寺説法。師嘉州朱氏子，昭覺寺圓悟禪師之法嗣也。講《楞嚴》於成都，爲義學所歸，後示寂於本山。别峰禪師者，龍游李氏子，又密印禪師之法嗣也。相見於寺，恨相得之晚。及謁圓悟，悟曰："他日必類我。"放翁曰："圓悟再傳，是爲别峰，坐十道場，心法之宗。淵識雄辯，震驚一世，矯乎人中龍也。"[五]别峰得法、得度弟子百有四十七人，故南宋之際寺爲

[一] 富好禮：字子超，號春山，華亭人，嘉靖癸巳（一五三三）任重慶府知府，後任四川按察司副使，提兵建昌。天啓《雲間志略》卷一一有《富憲副春山公傳》，可參看。

[二] 高光：明代峨眉縣人。乾隆《峨眉縣志》卷六稱其字子謙，嘉靖甲辰進士，官雲南按察僉事。又按，其《山潮記》收在嘉慶《四川通志》卷三二。

[三] "知"，原作"無"，據刊誤表改。

[四] "王"，原作"土"，據刊誤表改。

[五] 按，此文出《别峰禪師塔銘》，見《渭南文集》卷四〇。

名禪林。黄山谷守叙州，亦來習静焉。寺後群峰回環，白巖中峙，中峰起名或緣於此。

呼應峰，爲隋茂真尊者所嘗游，有尊者庵。爲唐玄宗以武都雄黄致孫思邈處，有雄黄石。及乎趙宋，孫、王、宋三真人羽化於此[一]，有三仙洞。惟茂真、思邈各有兩人[二]，弈棋呼應之事，未審誰屬？而呼應一峰依然蓊秀，棋磐之石於今空留。及明室之際，修建崇閎，丹殿碧寮，踞地百畝，林園花木冠乎諸山。然而高僧大德鮮有傳人，寶應音徽幾乎熄矣。迨順治甲申，土寇一炬，至今焦土猶有餘温。蓬蒿没路，云是寶殿之基；荆棘侵階，不堪廢弛之狀。石獅無情，篁竹爲伍；花經浩劫，惟餘半生。百年之間，亦有重構，然比之舊時，不能十一。凡宋之普賢閣，明之普賢殿，孫思邈所遺藥鼎、丹灶，程公明之壁畫菩薩竹等[三]，久已無存。寄語游人，無用探問也。

寺左觀音寺，雍正中洪椿坪僧峨雲建。僧徒闃其無人，殿宇毁而莫構。寺外有民國十八年碑。戊辰之歲，自貢居士入三霄洞，金鼓齊鳴[四]，震動沼氣，中毒死者四十六人；力夫、梓匠猶未計也。逾年，叢葬於中峰寺官山曰葫蘆漕，碑上刊死者姓名。

[一]“三”，原作“二”，據刊誤表改。

[二]按，稱思邈有二人，因襲蔣超《峨眉山志》卷一八之誤。《峨眉山志》云：“峨山又有二孫思邈，一是唐則天時人，一是宋人，與張乖崖善。”所謂與張乖崖相善者，名知微，字太古，彭山縣人。蔣超稱其字思邈者，因襲《廣輿記》而誤，其書卷一六“孫知微”條云：“孫知微，字思邈，成都人。張乖崖鎮蜀，雅慕之，終不可致。及還朝，出劍閣，一村童持思邈畫進。問孫所在，則曰去已遠矣。馬知節守成都，造訪，解金帶以贈，即繫之苧袍。人見其標韻蕭散，皆以爲李青蓮也。”《廣輿記》所載恐不可信，此孫知微善畫，應即《德隅齋畫品》中之孫知微也。此人字太古，不字思邈，《宋朝名畫評》卷一、《圖畫見聞志》卷三、《宣和畫譜》卷四、《畫史會要》卷二等皆有傳。《德隅齋畫品》云：“知微，華陽真人，有尊行，寓意於畫，隱者也。筆墨神妙超然，度越衆人。乖崖公詠鎮蜀，雅聞其名，欲一見之，終不可致。張公去，在僧舍飲，亟損車騎、却鳴騶往謁之，即投閣遁去。乖崖公還朝，出劍關，逢一村童，持知微書，負一篋迎道左。書曰：‘公所喜者，畫也。今以二圖爲獻。’問知微所在，即曰：‘適一山人以書授我信，去已遠矣。’張公益嘆其高。余外曾祖正惠馬公知節守成都，知微日居府中，相從甚善，得畫最多。馬公解所服金帶贈之，即繫於苧袍上。人見其標韻蕭散，白衣金帶，皆以爲孫思邈、李太白也。”這段記載明言人以爲孫知微類孫思邈、李太白，也是目前所見孫氏與張詠有交集之最早記載。《廣輿記》殆因此致誤，以爲此人字思邈也。蔣超失察，遂因襲其誤。其後，王士禛《居易録》卷二七、彭遵泗《蜀故》卷二一則并因襲蔣超之誤，惜哉！

[三]程公明：蔣超《峨眉山志》卷八引《畫繼》云：“眉人程堂，字公明。常登峨眉山，見菩薩竹有結花於節外枝者，茸密如裘，即寫於中峰乾明寺僧壁，宛有生趣。”

[四]“鳴”，原作“嗚”，據刊誤表改。

龍神殿

唐、宋間之樟木嶺，今名龍昇岡。岡上龍神殿，疑即清初方廣院，別稱龍神窟者。然龍昇之名未知所昉，其“昇”“神”音近之訛乎？殿踞高顯之地，有林園之勝。前瞻鉢盂，後顧香爐，左吼雙溪之水，右臨三望之坡，晨瞻夕眺，景物絶佳。乾隆之際，香火殊盛。殿中西方三聖及一佛二菩薩，并鏤木爲之，姿態衣紋[一]，無不畢肖。神座鏤雕最爲工細[二]，諸寺所無也。至於絲網坡，怪異傷人。三望坡，三望乃至，往昔爲然，於今清夷矣。

余問：“聖地招提，曷爲有送子娘娘殿？”寺僧曰：“便居民之祈請也。”嘗稽蜀有張仙名遠霄，眉山人。五代時得道於青城山，老泉禱之，因得二子[三]。至今祈子之祀，婦女篤信之。獨怪神爲女身，奉於蘭若，便民之説，難乎自解也。

寺外鋪舍數楹，招商營業，因殿就荒廢，客不止宿。故闤闠所陳惟粗米糕、芝麻餅而已。寺後稍遠有香爐寺，今廢。

廣福寺

宋之牛心院，頹廢不知幾何年。萬曆中重建，曰前牛心寺。崇禎之末，朽敗無遺。其别院曰廣福寺，在寶現溪山腰中，亦就毀滅。康熙中，峨雲禪師復修，以别院之名名之。寺宇宏敞，廊廡完整。踞牛心嶺之麓，望古德林之薄，前有坡地可百餘畝。雙溪合流，龍蟠澗谷，牛心急湍，殷殷如雷。惟四旁沃土闢爲熟地，既無高林，又鮮修竹。前賢所謂烟雲舒卷、翠竹離離、緑陰簇抱、蔽虧天日者，今不復見矣。

山中無客寓，諸寺僧人兼營逆旅之業，惟取貨於城，故索價較貴。然禮貌謙和，頗有分寸。獻金多者，禮爲上賓；一毛不拔，必遭遐棄。若迎接貴顯，貌爲恭敬而心殊遠之也。凡僧人俗惡之狀，前賢頗有譏刺。

[一]“姿”，原作“恣”，或形近而誤，據文義改。
[二]“鏤”，原作“漏”，或音同而誤，據文義改。
[三] 按，蘇洵《嘉祐集》卷一五《題張仙書像》載此事。

而詹氏之言自示陋隘[一]，不敢苟同也。竊怪游人既不能登危巖絶頂、窮宇宙之觀以壯其胸臆[二]，又不能覽奇峰秀嶺、去耳目之翳以益其神智，更鮮能虔禮普賢、生清净之心以發其靈明而淑其身意，一若遨游名山，專買舒服，一不愜意即信口詆僧、恣意謗佛。甚哉，人之難説如此！寺漸廢弛，僧殊艱窘，雖居士滿山，亦無力迎接也。

清音閣

清音閣，唐牛心寺也，慧通禪師改稱卧雲寺。踞牛心山之麓，小而雅潔。閣下舊有接王亭。王者孰謂？謂御前頭等侍衛海青、五格也[三]。康熙壬午，奉命朝山，隨賫御賜匾聯、詩章、經卷，散給伏虎寺、大峨眉、洪椿坪、白龍洞、毗盧殿、雷洞坪、藏經閣、卧雲庵、光相寺等。當時山僧爲亭禮接御賜，此聖祖游峨所由傳會也。亭下有白衣觀音樓，或萬曆間古樓也，并在黑白二水間。石梁上峨山旅行社，據樓營業焉。

峨眉一山，巖壑、林泉、峰巒、澗谷，景物之妙，天下獨絶。隨處停足，便有佳趣。而雙橋清音獨負盛名，蓋以黑白二水於此會流。二水在宋名曰雙溪，九老洞下澗深莫測，黑水之源也。下游經洪椿坪左側大

[一] 按，此詹氏即詹鴻章，他在《峨眉山游記》中寫道："申刻抵華嚴頂，遂宿其上。寺僧戆拙，嗜利可鄙。龍斷之謀，波及空門佛子，吁，可怪哉！"又云："凡世之游手好閑、罹法求脱者，皆剃髮爲僧，藉謀衣食。以此等人爲佛弟子，其於殺盗淫妄、貪嗔癡愛，必所不免，故具種種惡狀，人且厭之。而顧藉佛爲奸，蠱惑什方男女，攫取金幣，恣慾縱情，是豈明心見性之所當爲乎？毋惑乎焚毁之灾非此即彼，層樓複閣，轉瞬飛灰，雖佛力莫可挽回也。且佛亦深惡之，故以此示警。奈癡僧不悟，猶復網取無厭！吾恐駭鄙闇黎，必終難坐享庸福者。"此文載《古今游記叢鈔》卷三〇。

[二] "窮"，原作"穹"，據刊誤表改。

[三] 海青：《國朝耆獻類徵初編》卷二七九本傳稱其爲滿洲鑲黄旗人，姓戴佳氏。父噶禄，順治五年（一六四八）襲其叔色赫騎都尉世職。累遷内務府總管，聖祖仁皇帝特授世管佐領。卒後，以海青襲。海青甫十餘歲即任侍衛，入直御前，洊擢一等侍衛。《清聖祖實録》卷二〇七，康熙四十一年（一七〇二）正月"己酉，命乾清門近御侍衛海青、五格往四川峨眉山進香，回時乘便監視西安官兵騎射，并往華山進香"。康熙下令之日，當公元一七〇二年二月二十三日。海青等人抵達峨眉山則當公元一七〇三年一月十二日。◎"五"，原作"伍"，據前引《清聖祖實録》改。按，《清聖祖實録》卷二三一，康熙四十六年（一七〇七）十月"壬午，遣鎮國公、散秩大臣暖拖合，一等侍衛五格，至喀喇沁多羅杜楞郡王扎什墓前奠酒"，作"五格"。雍正《四川通志》卷三九叙及此事，亦作"五格"。

坪、牛心二山之南。過積善橋爲黑龍溪，峻巖鎖溪，行道阻絶，鑿巖架板以爲棧道。澗谷幽勝，未審視巴東三峽何如也。雷洞坪下雲封淵谷，白水之源也。經仙峰寺門前及大坪、牛心二山之北，會黑水於牛心山之東北麓。觀音樓之兩腋，磧石爲橋者二[一]，分跨二水。宋曰雙溪橋，元、明之際曰三皇橋，明中葉稱雙飛橋是也。橋下合流處有石，狀如牛心，砥柱中流[二]。乾隆七年，竇絅來游，謂數年前溪水漲發，淹没土中，則今之石不必即前賢所見也。惟飛湍噴雪，濤聲如雷，無晝無夜，響震山谷。龍門以外，諸山無之。故唐、宋以來，游人到此恒流連不忍去云。

余嘗躑躅橋上，訪求真人藥臼、藥罐，茂真尊者禪杖，繼業三藏攬寶瑞處，與夫范成大所見大士小現，王士性、劉元承所曾趺坐處[三]，萬政□所書“雙飛橋”碑[四]，彭端吾所書“萬古清音”碑[五]，以及馬如蛟詩碑[六]，張能鱗所書“洗心石”碑，劉光第聯語等[七]。恨我來遲，石早風蝕，毁滅無遺，不識處所。舉以問僧，惟仰屋，或妄指以應。余寧怪僧人之不好古乎？良以一切有爲難期垂遠也。若論萬曆間之琉璃水亭、洗心臺與臺上之閣等，則自清初江皋來游，即有圮爲榛莽之嘆，今難得其仿佛也。嘗披閲舊記以覽山川，陵谷猶是，林木已非。故雙溪風景核之記載，遜色實多。昔人謂峨眉雙溪不減廬山三峽，以今所見，殆不然

[一]“磧”，字典不載，未詳，或音義同“卷”。

[二]“砥”，原作“抵”，據刊誤表改。

[三]王士性：字恒書，號元白道人，浙江臨海人。《王士性地理書三種》之《前言》對其事迹有詳細介紹，可參看。蔣超《峨眉山志》卷九收此人《游峨眉山記》，據文末署題時間爲萬曆戊子，知其游峨眉山在一五八八年。又，所謂劉元承者，與王士性同游之人，事迹不詳。

[四]按，“萬政”後原缺一字，亦暫未見他書有相關記載，無法補足。

[五]彭端吾：河南夏邑人，字元莊，號嵩螺，萬曆辛丑（一六〇一）進士，歷任山西道御史、四川巡按等職，小傳見順治《歸德府志》卷七、民國《夏邑縣志》卷六等。

[六]馬如蛟：雍正《江南通志》卷一五六小傳云：“馬如蛟，字騰仲，和州人。天啓壬戌（一六二二）進士，授浙江山陰令，清操皭然。崇禎元年（一六二八），徵授御史，以彈劾著直聲。出按四川，預平安邦彦之亂。八年（一六三五）冬，獻賊犯和州。如蛟方里居，傾貲募士，與知州黎弘業登陴固守。麾壯士出擊賊，兩戰皆捷。會風雪晝晦，守者皆潰，賊遂入城。如蛟率士巷戰，力竭被殺。兄鹽運司判官如虬、弟諸生如虹及家屬十四人皆死，詔贈太僕少卿。”按，引文中之“如虬”原誤作“如蚪”，據同書卷一八一“運判馬如虬”條改。又，《明史·忠義四·黎弘業傳》有附傳，稱其崇禎元年出爲四川巡按御史。蔣超《峨眉山志》卷一五收其《古德林》詩。

[七]劉光第：生於一八六一年，卒於一八九八年，戊戌六君子之一，四川富順人。字德星，號裴村，光緒九年（一八八三）進士，曾任刑部主事。事迹見《清史稿》卷四六四本傳。

也。至於廢寺荒庵、奇花異木及靈異之記，亦諸多乖誤。袁嘉州曰："僧以口授，予以耳游，未能覼縷記也。"[一]竊嘆耳游者衆，讀游記者其慎取之。峨雲禪師塔在寺後山上。

牛心寺

唐孫思邈修真之地，曰延福院，即所稱後牛心寺也。院右一小洞，《志》稱唐羅漢和尚初參香林澄遠禪師，回峨，住洞中，常現禪定。僧問："如何是西來大意？"師曰："井中紅焰，日里浮漚。"曰："如何理會？"師曰："遥指扶桑日那邊。"曰："如何是羅漢境界？"師曰："地連香積水，門對勝峰山。"曰："既是羅漢，爲甚麼却被人轉動？"師曰："换却眼睛，轉却髑髏。"[二]其餘不詳也。院在牛心嶺南山之腰，俯臨黑龍溪，面對寶掌、黄帽、玉女、呼應諸峰。水聲山色，景物幽絶。

范石湖《山行紀》云："此寺即繼業三藏所作。業姓王氏[三]，耀州人，隸東京天壽院。乾德二年[四]，詔沙門三百人入天竺求舍利及貝多葉書，業預遣中，至開寶九年始歸[五]。業詣闕進所得梵夾、舍利等，詔擇名山修習。登峨眉，北望牛心，衆峰環翊，遂作庵居[六]，已而爲寺。"又云："寺對青蓮峰[七]，有白雲、青蓮二閣最佳。牛心本孫思邈隱居，相傳時出諸山寺中，人數見之。小説亦載招僧誦經施與金錢[八]，正此山故事。有孫仙煉丹灶，在峰頂。又淘米泉在白雲峽最深處，去寺數里，水深不可涉。獨訪丹灶，傍多奇石[九]。祠堂後一石尤佳，可以箕踞宴坐，名玩丹

[一] 按，此文出袁子讓《游大峨山記》，載蔣超《峨眉山志》卷九。

[二] 按，以上所引見蔣超《峨眉山志》卷三。

[三]"姓"，原脱，據蔣超《峨眉山志》卷九《峨眉山行紀》補。

[四]"二"，原作"三"，據《峨眉山行紀》改。

[五]"開"，原作"天"，據《峨眉山行紀》改。按，天寶爲唐玄宗年號，此僧爲宋人，作"天寶"顯誤。

[六]"庵"，原作"安"，音同而誤，據《峨眉山行紀》改。

[七]"寺"下，原衍"前"字，據《峨眉山行紀》删。按，此段引文爲直引，文句幾乎全同，故據原文校改。

[八] 按，此處所言招僧誦經之事，載《宋高僧傳》卷二二《周僞蜀净衆寺僧緘傳》所附之大慈寺無名僧傳，又見《峨眉山志》卷五。孫思邈招僧誦經之事在青城山，非峨眉山，范成大所言有誤。

[九]"傍"，原作"旁"，據《峨眉山行紀》改。

石。寺有唐畫羅漢一版吴道子畫壁十八羅漢，或云張僧繇畫[一]，筆迹超妙，眉目津津，欲與人語。成都古畫，浮圖像最多，以余所見，皆出此下。蜀畫胡僧，惟盧楞伽之筆爲第一[二]，今見此版，乃知楞伽源流所自，餘十五板亡之矣。”范紀至詳，今據紀游訪，所謂閣也，灶也，泉也，石也，以及祠堂、羅漢，皆滅没無存。即《志》稱附近温凉二池、藥王洞丹沙洞、象鼻巖、觀音巖、寶珠庵、天柱峰等，亦隨時易名，難可强指。明初，龍興寺僧廣濟禪師避洪武之詔，卓錫寺中，竟終於此，其塔不知何在也。當時游人頗少，而真人鐵臼、銅罐，繼業禪師錫杖等，移存前寺，明代游人猶及見之。康、乾之後，朝洪椿坪、九老洞，必經寺境。然大德無人，佛殿塵封，古寺廢墜，幾三百年。

源照濟悟上人者，遂寧蘇氏子也。幼年朝峨眉，禮普賢，入洪椿坪爲僧。後朝普陀、五臺。民國壬子回峨眉，租居寺中。廿年辛苦，佛殿焕然，經室、寮房修潔無似，供佛法器亦極精好。招徒十餘人，頗留心佛學。傳品，講經論於朝鮮；傳印，學真言於能海；傳玉，卓錫於鷄足山石鐘寺，清泉、傳一留居寺中，并能守源照之教。峨眉惟白水、黑水、牛心、華嚴、中峰、靈巖六寺，自昔爲高僧所居。今黑水、華嚴荒廢無人，寺中比丘其將復興乎？

寺右上山五里爲佛會寺，咸、同間洪椿坪芳海上人結茅地也。殿基高爽，瞻望無礙，江山百里，烟靄濛濛。龍門谷口，白雲悠悠，山雨欲來，松濤間作。石笋興雲，儼如炊甑，有足觀者。寺有聯語，書法蒼勁，邑人汪近韓墨迹也。

净土禪院

净土禪院，松月清源禪師開建。寺中譜載，師直隸人，棄官離俗，披剃於西域華藏寺。順治辛卯，朝峨眉，禮普賢。至雙飛橋，有虎導之。至天橋，見群猴舞跳，今其處名猴子坡。結茅坪頂，倚傍古松，食橑果，

[一] 按，此夾注，范成大原文無。
[二]“爲”，《峨眉山行紀》無，《吴船録》原文有。

玩皓月，了有漏，悟無生。猿來獻果，鹿爲銜花，年九十九示寂。或曰松月禪師即綉頭和尚也。有康元熙者，不詳何人，書寺額曰净土禪院。贊開山僧，有“朕爲主，爾爲僧，封師爲律藏禪師”等語。文類虬筆，不甚可解。山僧以爲聖祖題贊，其實妄也。

萬一净念者，隨師來山，師死，建寺曰大坪庵。其更名净土，不審何時也。大坪左間白水，與華嚴頂、長老坪、息心所、觀心庵諸山比肩相望；右間黑水，有天池、寶掌、黄帽、玉女、呼應諸峰回環朝護。牛心山鼎陳於前，九老洞屏臨於後。坪高千五百公尺，四面秀峰，無礙瞻矚，雲霞變滅，并有可觀。山頂平曠，約數十畝，杉、榕、樅、樌、松、柏、梧桐之屬，托根坪頂，榮茂陰鬱。寺在曠坪，康、乾間所重建者也。殿宇崇宏，廊廡修潔；僧寮、經室，布署精好；法器、魚鼓，備極莊嚴。余常瞻禮殿堂，見樓下五百脱沙阿羅漢，樓頭千尊木刻佛菩薩等，以爲净念上人功德，固不僅建築寺宇也。殿中有頻伽精舍校刊本藏經及律論、語録十餘橱，大德數人，受持讀誦，與他寺風氣頗殊。自昔坪上多虎，奉山王神以鎮之。寺中養蛇，號長居士，今猶易見。所嘆猴子坡高，蛇倒退險，登降之難，聞者吐舌。故大坪覽勝，非好游者不至也。

洪椿坪

洪椿坪，古千佛庵也，故國府主席林老行在於斯[一]。殿之四周，秀峰環逼，百年古木，扶疏繞之。瑶草奇花，散滿深澗，靈猿異鳥，或傍寒松。龍居之溪，深於淵泉。寶掌一峰，上摩霄漢。幽清静雅，莫與之京，别是一天，信非虚語。况又殿宇崇宏，廊廡精潔，樓閣户牖，備極莊嚴。惟伏虎禪林，差堪媲美。故游人到此，必多流連，洵名刹也。

考寺爲明時楚山性一禪師開建，德心大師重修，法嗣鋭峰踵事增建，廿年始成。楚山禪師等，行事、年代，舊志不詳。惟傳德心時，大衆千

[一] 林老：謂民國時期国民政府主席林森。生於一八六八年，卒於一九四三年，福建閩侯人，一九三二年任國民政府主席。劉小寧著有《林森傳》，可參看。

人，苦乏水源。師持咒引水，故寺後天池峰右有咒祝泉，一名錫杖水是也。清初，峨雲禪師復鼎新之，乃成偉構。師號圓瑞，楚武攸蕭氏子也。游峨眉，禮普賢，訪智明法師於寺，因祝髮從之。時華嚴聖可老人卓錫凌雲[一]，師參老人，得其開示，有所徹悟。其主洪椿坪也，皈依受具者濟濟，盈於保寧、華藏、清音、洪椿、廣福、仙峰諸寺。故康熙之際，寺僧雖少，律儀不廢，與白水、光相等寺齊名。有康熙御賜匾曰“忘塵慮”，聯曰“錫飛常近鶴，杯渡不驚鷗”，及《金剛經》《藥師經》各一部。今皆散佚，樓中藏經非御賜也。乾隆御賜聯曰“性海總涵功德水，福林長涌吉祥雲”，則乙丑之年，命知縣張松所刻也[二]。金龍蟠之，高懸殿柱。故元首林老賜書“大雄寶殿”“護國佑民”二匾，張懸殿楣；“洪椿坪”三字懸於山門，悟定上人引爲榮幸焉[三]。

寺右箐林中有綉頭和尚結茅處，和尚里居、名姓俱莫能詳，惟綉髮螺髻，亦無蟣虱，人呼之綉頭云。箐林結茅，種蔬爲食，夜念佛，經行數十里直造山頂，黎明便還，如是十餘年，習以爲常。繼而静坐，不復出山。目不識丁，口能説偈。每食，先傾飯兩堆以飼蛇鼠。住山二十餘年[四]，年近期頤，朝山居士造廬禮拜焉。夫綉頭傾飯，德心咒泉，一蓄群蛇，一濟千衆。衡量功德，同爲民胞物與之懷，而綉頭深遠矣。殿中銅質萬歲牌一，銅塔二，樓上千佛蓮燈一，并雕鏤精細，可云珍寶。惟當傳語游人者，賞洪椿曉雨，莫問老椿；聽仙姬鼓琴，休謁少姬。蓋以必欲責實，所得亦虛故也。寺附近有寶掌庵，今廢。

林主席設化學獎學金，犍爲西壩盧秉彝女士，會考成績優異，博得主席獎金。後由武大畢業，任教犍爲、樂山各中學[五]。

[一] 聖可：即聖可德玉，明末清初四川營山人，俗姓王。參破山海明，後歸重慶華嚴寺，又寓遵義府綏陽嘉瑞寺。小傳詳《錦江禪燈》卷一〇，後人輯有《華嚴聖可禪師語録》。

[二] 按，據嘉慶《峨眉縣志》卷五，張松爲陝西郃陽縣人，乾隆九年至十二年任知縣，則此處所謂乙丑，指乾隆十年（一七四五）。

[三]“榮”，原作“縈”，據刊誤表改。

[四]“二”，原作“四”，據蔣超《峨眉山志》卷四此僧小傳改，劉君澤稱四十餘年，不知所據。

[五] 按，據“武漢大學新聞網”二〇〇七年四月二十九日刊載的由盧秉彝署名之《彌足珍貴的紀念——參觀武大樂山紀念堂記》一文末尾所附作者小傳（http://oldnews.whu.edu.cn/info/ 1018/ 33920.htm），此人生於一九一七年，一九三八年與姐姐盧祥麟同時考入西遷樂山之國立武漢大學，就讀於工學院機械系，一九四二年畢業。

仙峰寺

仙峰寺，古慈延寺也，一名天峰禪院。明神宗印造佛經全藏六百七十八函，施舍天下名山寺院，有萬曆四十年“諭住持本炯敬奉珍藏不許褻玩”敕書。洪椿坪銅鐘有文曰“萬曆間河南周王千歲始置九老洞山場”[一]。明宜賓尹伸記曰：“寺創於炯公，成於周藩。”獨惜滿清一代，經數百年，豈少人游？竟無記載。故寺之建始，今殊難詳。軒轅遇叟，事涉子虛，雖載道經，亦難憑信。余於仙峰寺付之無考。

庚辰之歲，七月朔日，余以專訪蘭若掌故及古物經典之屬，次宿寺中。寺僧忙碌經營生意，余數請開其高樓，示我經藏，乃口稱不暇。故余游仙峰寺，惟見梵宇精潔，法器華貴，瓶酒、罐頭善價而沽。凡《志》稱貝葉經、菩提經、舍利塔、明神宗賜《大藏經》，皆不目見。而所謂蓮華峰、大小尖峰者，或瞻望而不知其名。寺僧負我，我負名山。破山禪師曰：“今日驅賢養愚，忘本務末，以了叢林之事。此非木之叢，實草之叢也。”[二]其此之謂歟？

寺右沿崖逾嶺，可二里許，九老洞在焉。洞外淵深莫測，蒙茸蔽之，猴猿甚多，向人乞食。洞内深邃，一里而弱，怪石森森，飛鼠吱吱，財神殿在焉，秉燭游人盡止於此。丙子之歲，有朱偰者，更深入二里許，終窮其奥，題名而返，然亦無所得。乃胡氏耳游之文，謂洞深十餘里，實受騙也。洞中奉趙公明，事涉誕妄。邑有趙昱字仲明者，得道於青城山。隋時守嘉州，有斬老蛟事。見《龍城録》及遵義陳懷仁撰《趙昱傳》[三]。後竟

[一]“王”，原作“玉”，形近而誤，據《弇山堂别集》卷三二等改。據此書所載，洪武三年（一三七〇）封諸王，周王都汴梁。又據《明史·諸王·周王橚傳》附傳，萬曆十年（一五八二）之前繼承王位者爲朱在鋌，萬曆十年此王薨後，其子朱肅溱襲王位。此處之“萬曆間河南周王千歲”，據後文引尹伸之文，應是朱肅溱。

[二] 按，此語出《伏虎寺開學業禪堂緣起》，載蔣超《峨眉山志》卷一〇。

[三] 按，趙昱事見《龍城録》卷下“趙昱斬蛟”條，而陳懷仁所作《趙昱傳》全文見民國《樂山縣志》卷八。陳氏爲遵義人，字含元，號心齋，因生而識“箴”字，故晚號識箴。乾隆戊申（一七八八）副榜，授興義縣訓導，小傳見道光《遵義府志》卷三四。但關於其中舉時間，有不同説法。《遵義府志》卷三四稱其爲乾隆五十三年副榜，但同書卷三二則稱其爲乾隆五十一年丙午科舉人；民國《貴州通志·人物志五·遵義府》小傳則取乾隆丙午之説，未知孰是，故兩存之。

飛升，頗傳神異，即世稱川主清源妙道真君是也。此洞或趙昱嘗栖而名字訛誤歟？嘉靖之際，有異僧栖止洞中。營山錢氏來游峨眉，異僧授以曹洞宗旨，因忻然剪髮。又囑以遍游法席，無坐守一隅。錢氏遂遠游京師，數年之間，道振江南，聲動人主，世稱遍融真圓禪師是也。乃異僧之名獨不傳，何哉？唐胡玢[一]、明萬曆時白牛師[二]，亦隱洞中。

寺右一嶺之端，鋤修平臺，安設石凳，曰先皇臺。置身臺上，極目百里，秀嶂平疇，烟光明媚。繪之以文，轉失其真也。仙峰寺殿負千仞之巖[三]，傾危欲墜。面瞻華嚴一頂，時没雲中。下走洪椿、壽星坡，危於陷井；上登九嶺、長壽坡，險於梯天。并寂等遐荒，静如太古，山高霧重，夏令如秋。深卉長林，蒙巖塞澗，幽壑好景，移步即殊，入眼好樹，株株如畫。惟愛遠山之雲，嫌附身之霧，身在雲中，殊不自覺也。

遇仙寺

遇仙寺，聖懷上人茅蓬也。自清音閣溯黑龍溪，登洪椿坪，上九老洞，陟長壽坡，躋九嶺岡，會於朝山大道。路長五十餘里，自昔峻坂無磴，澗深谷静，荒林野卉，不見天日。熊、狒、猿、虎，往往有之。長壽一坡，開於清初。然道、咸以上，游踪絶少。坡爲華嚴頂南壁，峻坂巖巖，高約十里。斧斤不入，林木榮茂。同治元年，聖懷上人雲游回山，結茅於峻坂削壁之腰。仰逼危巖，俯臨深澗，拓地無方，依舊蓬户。然晨曦初照，山光媚明，猿鶴無聲，閑雲變滅。或雨之將至，茂林瀟瀟；

[一]“玢”，原作“份”，據五代王定保《唐摭言》及蔣超《峨眉山志》卷五改。按，雍正《江西通志》卷九六《寓賢·南康府》下引《唐詩紀事》亦作“胡份”，《全唐詩》卷七六八作“胡玢”，但夾注云一作“胡汾”。作“份”“汾”或涉形近而誤。《唐摭言》卷一〇云：“胡玢，不知何許人，嘗隱廬山，苦心於五七言。《桑落洲》一篇曰：‘莫問桑田事，但看桑落洲。數家新住處，昔日大江流。古岸崩欲盡，平沙長未休。想應百年後，人世更悠悠。’又《月》詩云：‘輪中别有物，光外更無空。’玢與李騭舊交，騭廉問江西，弓旌不至。”

[二]“牛”，原作“老”，據蔣超《峨眉山志》卷一一及《補續全蜀藝文志》卷五一之《無瑕禪師塔銘》改。《釋鑑稽古略續集》卷三“武宗毅皇帝”下之“無聞禪師”條，其弟子有白牛禪師，當即此人。

[三]“巖”，原作“叢”，據刊誤表改。

或霧自澗生，絮滿巖壑。憑眺移時，心目怡悦。蓋山林深秀，恒當險絶之處，好奇選勝者，無若胡孝博之聞險而膽怯也[一]。

蓮華社

蓮華石，古蓮華社也，在九嶺岡上，踞蓮花嶺，望九龍坪。左則鵓鴿鑽天，伸手可摩；右則華嚴高聳，秀峰在望。弓背諸山，碧玉半環；黑水古寺，蒼烟幾點。嶺岡高顯，望眼無礙。彼結茅箐林、習静幽洞者，難可共語也。乃登殿瞻仰，敗屋無椽，棟折榱崩，上穿下漏，鐘磬寂寂，荒草萋萋[二]，僧感凄凉，羞談往事。余徘徊殿下，觀所謂蓮華石者，瑩石蕊劈，芙蕖天成。初在道旁，本無奇異。康熙五十九年，廣行老人因石建社於嶺椒，故名蓮華社。然茅庵草創，荒寂無人。乾隆之際，香火方盛。時僧人以有蓮無池，無以養蓮，因更社名曰池湖堂。營建崇寬，殿寮佳麗，左右静室精工絶倫。及堂宇朽廢，興復無由。光緒初年，乃於道旁開建梵刹，移蓮華石於殿。不七十年，今又荒蕪如此，誠可嘆矣。

寺外九嶺岡下，古有敕建護國聖壽永延寺，明周藩建。萬曆四十二年頒施藏經，有諭永延寺僧福登等朝夕禮誦敕書。福登號妙峰，山西平陽續氏子也，生秉奇姿[三]，唇掀齒露。七歲而孤，爲人牧羊。及年十二，剃髮爲僧，不堪虐待，逃而行乞。後爲萬固寺朗公之徒。以生疥，發願造滲金銅殿三，大士像三，分送五臺、峨眉、普陀三處供養，事詳永明華藏寺篇中。惜頒經未至，而登公已先圓寂矣。

附近有九龍坪静室，其荒廢無迹，與永延寺同。

[一] 按，胡孝博游峨眉可謂興致高昂，大多數艱難險阻之地都曾涉足。《玉津閣文略》卷九《游峨眉山記》云："聞九老洞、洪椿坪、大坪之勝，路險雨甚，遂不復往。雖不能至，而心嚮往之也。"此蓋劉君澤之所譏也？又，引文中之"洪椿坪"原誤作"紅椿坪"，今改。

[二]"萋萋"，原作"悽悽"，據刊誤表改。

[三]"姿"，原作"恣"，形近而誤，據印光《峨眉山志》卷五此僧小傳改。

洗象池

錯歡喜之名，見於范石湖《山行紀》。自"錯"音轉爲"初"，而游客頗有揣説，甚無味也。明末，有庵曰初喜亭，有池曰明月池。康熙三十八年，行能禪師開建基業。行能號泓川老人，浙江嚴州淳安縣徐氏子，即淳安縣觀音寺西舟上人之徒也。年八十一歲，以雍正九年圓寂於初殿，即塔殿。後清學月正上人移其塔於嘉州烏尤寺。月正老人者，即乾隆間主修鑽天、羅漢二坡者也。砌池爲六方，傅會名洗象，其在順、康之間乎？今洗象池已冒寺名，寺宇褊小，礙於山形也。新構易朽，常遭霜雪也。然殿基高爽，東望無礙，雲濤在谷，遠山盡是蓬萊；皎月麗地，此地渾疑净土。兼之猴猿時聚，頗通人性，乞食之狀，酷類孩童。初游之客，若喜若畏。蓋第二層大山之麓，山嵐雲影，遠眺絶勝之地，故殿中客寮游客常滿也。池下石刻"巖谷靈光"四字，予不目見。而左慈洞、羅漢洞，亦無稽考。大抵牽引附會，自鳴其高以招游人也。

退院僧宏禧上人，號遍歡[一]，榮縣朱氏子，朗亮上人之徒也。曾參真印、德相、祖鏞、能修、印光諸大德，閉關烏尤寺。自題出關紀念像偈云："者箇阿師，有些相熟，雖則同姓，却不同族。今臨寶鏡，形影相睹，汝不是渠，渠正是汝。無道可尊，無法可説，趺坐何爲，念彌陀佛。人法雙忘，彌陀無數，濁浪滔天，一舟横渡。"定西年七十餘，白髮長鬚，道貌巖巖。自謂幼而失學，然其開悟如此，亦難能也。

大乘寺

自初喜亭登羅漢坡，山益高寒，禽鳥稀鮮。篁竹夾道，草不知名，冷杉傲寒，長於陵谷。而古木苔蘚[二]，迴雲蔽日，踽踽獨行，妄生恐怖也。經滑石溝，所謂溝者，實小沼也。大乘寺在溝上茂林中，蓋古化城寺也。傳爲西域聖僧阿羅婆多尊者所建[三]，以木皮代瓦，故又稱木皮殿。范《紀》作"木皮里"。然晋代遺迹無一存者，信哉其爲傳説也。隋、唐、宋、

[一]"遍"，原作"偏"，據刊誤表改。
[二]"蘚"，原作"鮮"，據刊誤表改。
[三]"域"，原作"城"，據刊誤表改。

元、明，初爲狀何若，今不可知。

正德間，僧法堂上人光復殿宇。嘉靖二年，嘉州刺史古郃康浩德充撰文紀事[一]，州判北徽州任倫篆文[二]。法堂上人鑄鐵爲碑，惟字係篆文。譚鍾岳以爲漢時物，袁子讓嘆其不可讀。舊《志》且云人不能識，胡孝博、樓藜然并已譏之於前矣[三]。樓氏所鈔碑文無誤[四]。隆慶間，通天老人復加修葺。通天上人者，諱明徹，秦同州潘氏子，父名申，母鄭氏。生於嘉靖乙酉，卒於萬曆辛丑。自幼學道五臺山，見神仙山鐵山和尚，授以衣法，囑曰："此正法眼藏，自臨濟至我，歷二十五代，授受相資，如燈續焰。子今得之，宜韜光匿迹，保養聖胎，直待天龍推挽，方可出也。"其學道也，嚴守戒律，所至募緣飯僧，滴水同享。後至峨眉，憩身於寺，傑人所在，寺亦隆盛焉。其被詔入朝也，法嗣真法、無窮隨之[五]。神宗賜袈裟、《龍藏》一部。其奉旨回山也，更募緣修諸山之寺。祖師殿者，亦通天開設，有學士寮，爲僧衆學習經典、禮節規矩之所[六]。當是時也，通天徒衆蓋散布諸寺焉。

寺中譜載，化城寺舊址在寺右冷杉坪。乾隆四十三年，遇火焚毁。僧本參號佛印，邑東苟氏子遷建於凌雲梯畔，更名大乘。嘉慶二年，隆法和尚在寺宏揚佛法焉。惟遷變靡常，古今同嘆。今之寺宇隘陋朽敗，與山環水合、茂林秀嶺之景不稱，游人墨客付之無論可也。若夫紀異，則白猿

[一]"古"，原作"占"，形近而誤，據康浩之籍貫改。◎"充"，原作"允"，沿襲宣統《峨眉縣續志》卷九之誤，據嘉慶《續武功縣志》卷四小傳改。嘉靖《徐州志》卷七稱其爲正德辛未（一五一一）進士，亦字德充，不誤。又有嘉靖刻本《渼陂集》卷一六《楊烈婦傳》云"楊烈婦者，户部郎中武功康德充女也"，及《明文海》卷四一三《四烈婦傳》云"楊烈婦者，户部郎中武功康德充女"，其兄康海在别集《對山集》卷一九《康氏族譜》亦明言康浩字德充，皆可證字"德允"爲誤也。按，康浩爲陝西武功縣人，武功即古郃國。康浩爲正德進士，乃康海之弟。歷任户部主事，遷郎中，後出守嘉定，有政聲。又，此人所作之文即《木皮殿記》，載宣統《峨眉縣續志》卷九。

[二] 任倫：據乾隆《西和縣志》卷三，此人爲甘肅徽州西和縣人。又據嘉靖《徽郡志》卷六，此人爲任廣之孫，任嘉定州判，後升山東登州府推官，進文林郎。

[三] 按，胡孝博《玉津閣文略》卷九《游峨眉山記》云："按，袁君子讓《游記》謂碑摩挲不可讀，其實字頗完好，袁君自不能讀耳。"《虞初近志》卷一一收樓藜然《峨眉紀游》亦云："碑文及首尾題署，純用小篆，向來緇白，多未究許書，又畏辨認之難，往往瞟瞥一觀，臆逞瞽説；如舊《志》云：'古鐵碑一通，字篆籀，人不能識。'近譚氏《圖説》云：'碑字篆籀，赤緑蒼綉，爲漢時法物。'混篆爲籀，誤明於漢，捫燭揣籥，真堪齒冷。"

[四] 按，此説不確，無論是胡孝博還是樓藜然，都將"任倫"誤作"汪倫"。

[五]"窮"，原作"穹"，據刊誤表改。

[六] 按，通天和尚生平事迹可參蔣超《峨眉山志》卷九《通天大師塔銘》。

獻果昆明施紹高、太和王藎臣，唊而仙去。紀功，則縛木爲梯，胡僧以之引行者。胡僧梯，范《紀》作“胡孫梯”，富氏易爲“凌雲梯”。秦人劉海英、趙光明募設木栅供人攀援。紀比丘功德，則上下兩殿、左右兩廊，鑄鐵爲瓦，莊嚴佛像，皆性本上人獨力主辦。性本者，仁壽劉氏子也。

白雲寺

明之白雲殿，數罹回禄，而古殿宏麗之狀今無可睹。雖迭經修葺，而剥蝕之餘，仍然陋室。然道坦基平，林卉茂密，冷杉青翠，環匝四周，静雅清幽，比於伏虎。選勝登臨者，差堪息足。或佛祖慈悲，故設勝地以待夫登閻王峻坂者之勞頓也？閻王坡，即梅子坡。縣舊《志》云，始白雲禪師道行偶渴，索水不得，望前坡有梅樹，擬以纍纍梅實可以回津。至其地，無一梅樹，而渴已止矣[一]。

寺外巨壑，雲氣屯聚。自袁嘉州紀老僧語名曰雲毡，後之游人踵事容繪。龍眠江皋曰：“石根雲氣冉冉，彌漫山谷，素濤銀海，變幻頃刻。”[二]樓藜然曰：“縞霧四塞，蓬勃作釜上氣，水珠濛濛濕衿袖。僧謂長年在絪緼靉靆中，可謂名副其實。”[三]乃歷年數百，於今猶然，殆靈岳興雲者歟？林中繁柯，桐鳳栖遲，《志》稱鳳大如指，五色備具，厥冠似鳳。專食桐花，花放即來，花落不知所之[四]。然今不易覯，或游時不相值歟？

雷洞坪

范石湖《山行紀》云：“凡言坪者，差可托足之處也。雷洞者，路左深崖萬仞，磴道缺處，則下瞰沉黑若洞然。相傳下有淵水，神龍所居，凡七十二洞。歲旱則禱於第三洞，初投香幣，不應則投死彘及婦人衣、弊履之類以振觸之[五]，往往雷風暴發。”言簡如此，不審當時有無殿宇也。

[一] 按，乾隆《峨眉縣志》卷一〇所收胡世安《梅子坡》詩之序文即此處所引，又見蔣超《峨眉山志》卷一五、嘉慶《峨眉縣志》卷一。

[二] 按，此文出《游峨眉山記》，載蔣超《峨眉山志》卷九。

[三] 按，此文出《峨眉紀游》。

[四] 按，嘉慶《峨眉縣志》卷三、蔣超《峨眉山志》卷六等皆載此説。

[五] “弊”，原脱，據蔣超《峨眉山志》卷九及《吴船録》卷上補。◎“振”，原作“振”，形近而誤，據《峨眉山志》與《吴船録》改。按，“振觸”義同“棖觸”，抵觸、冒犯也。

明富好禮《游山記》云："人至此，語則雨，道有禁語古鐵碑二。"[一]康熙時，釋徹中來，云舊有鐵碑禁語，今廢。余試之語，則霧雨徐來，巾裳沾濕，空翠滿身，如富氏之言，則祈禱雷雨又不似宋時之費事也。袁子讓曰："過雷洞坪，稍稍憩立。老僧指曰：'此下有鬼谷洞，傳鬼谷子修真於此。又有伏羲洞、女媧洞，皆人迹所不到。從來避穀脱蜕之士多隱於此，人亦不能見也。'"[二]

清代以來，傅會益誕，有女媧煉石處，伏羲悟道處，鬼谷子著《珞琭子》處[三]。樓藜然曰："余謂迹絶人鳥之地，洞之有無，已不可知。今姑勿論女媧、伏羲太涉荒遠，即如鬼谷，本地名，在雒州陽城縣北五里。隱於鬼谷，無族里、名氏，是其人亦子虚、亡是。《珞琭子》，即《三命消息賦》，爲星家談禄命者所祖。論其作者，言人人殊。緇流傅會靈迹，炫惑愚衆，妄言妄聽以助游人談柄則可，不足爲典要也。胡世安、蔣超輩，公然載入《籟》《志》，不復置辯一詞，何哉？"[四]至若唐、宋之雷洞祠，明之雷神殿、洞坪堂，并荒廢無迹。而乾隆間寺僧聞奇、聞剛之所重修，道光間湖南鄒居士與心量上人之所新構，亦滅没無存，不識處所。

今之殿宇，則同治間覺圓上人所移建者也。康熙御賜僧慧植《金剛經》一部、"靈覺"二大字，又年久散佚。明時鐵鑄風雷雲雨之神六七尊，置放殿中，銹朽不堪，無復尊嚴氣象。當年盛况，更無用問矣。曹能始曰："由雷洞坪至天門石，路詰曲爲八十四盤。門以外爲杪欏坪。"[五]自今視之，盤旋紆折與古無異。而所謂頑石獰惡、怪木杈丫、終古陰霾、暗無天日者，則古有今無，無用膽怯也。

接引殿

接引殿，蓋宋之新店，明之接引庵也。疑即朝陽閣。當第三層大山之麓，

[一] 按，此文出《游峨眉山記》，載《古今游名山記》卷一五。
[二] 按，此文出《游大峨山記》，載蔣超《峨眉山志》卷九。
[三]"琭"，原作"珞"，據刊誤表改。本段後文此字之誤徑改。
[四] 按，此處引樓藜然《峨眉紀游》之語，略有删削。
[五]"門"前，原衍"過"字，據蔣超《峨眉山志》卷九《辛亥游峨記》删。

殿基爽塏[一]，衆山蟻伏，山巒澗壑，明晰如畫。縱目以觀，雲天萬里，佛光雲海，皎月疏星，凡所觸目，皆奇觀也。自明末殿宇朽敗。清順治庚子，有河間府僧[二]，年八十矣。朝山至此，見佛像卧於荒叢，乃誓飢七日，卧雪求募。得蜀人趙翊皇及督臺李公之布施[三]，重修佛殿。邑舊《志》稱有銅鑄羅漢一堂，或即其時所鑄。或稱鐵鑄，自滇運來，民國六年毁於回禄。康熙間，江皋《游記》云:“板屋供佛身峨然丈六，亂後寺僧募造者。今殿宇傾圮，漸爲風雨侵蝕。名山荒寂，誰爲布金長者邪？”乾嘉以後，文獻無徵。

今之殿宇最爲崇閎，客舍僧寮，修潔無似。金身佛像，備極莊嚴。陳供法器，最爲華貴。經樓儲《續藏經》第一編四百五十册及單行佛經三百餘册。佛殿羅漢，係竹禪所繪，拓自浙江鄞縣天童寺刻石[四]。凡此皆名僧聖欽上人之力也。聖欽字嶸崇，三臺賀氏子也。雲游江浙，數年始歸，即前任四川佛教會會長者也。峨山僧衆籍隸川北者十恒六七，問之，則曰：“川北瘠苦，謀生艱困故也。”然傑出如聖欽者蓋寡。次則榮、威、仁、井，又次則眉、彭、丹、青，最下世居峨眉者，則百之一二焉。省外之僧雲游暫栖，鮮有終老峨眉者。

胡世安《道里紀》云：“再前，路分兩歧[五]：從左陡上爲舊路，一巨石横巖下，名觀音巖，直至大歡喜，前至回龍庵，與新路合。”今舊路廢矣。殿附近有聖鐘仙人石[六]，象形命名，不足以言古迹。惟殿後道左石壁高數丈，遍長苔蘚，現“第一山”三字，字畫色赤，寬約二尺。全現之年，必占大有。相傳如此，余未審視也。

[一]“塏”，原作“嵦”，形近而誤，無此詞，據文獻用例及文義改。按，《左傳·昭公三年》：“子之宅近市，湫隘囂塵，不可以居，請更諸爽塏者。”杜預注：“爽，明；塏，燥。”

[二]“間”，原作“澗”，誤，據蔣超《峨眉山志》卷三“接引殿”條改。按，河間府在河北省，今仍有河間市之名，不作“河澗”。

[三] 督臺李公：據雍正《四川通志》卷三一，有順治十四年（一六五七）任四川總督之李國英，當即此人。雍正《四川通志》卷七下有小傳。

[四]“鄞”，原作“涇”，誤，今改。按，涇縣在安徽，不在浙江。天童寺在浙江寧波鄞縣（今鄞州區），不在安徽。

[五]“歧”，原作“岐”，雖文義可通，仍據蔣超《峨眉山志》卷九《登峨山道里紀》改。

[六] 按，此處所謂聖鐘仙人石，恐係附會。蔣超《峨眉山志》卷二稱其在九老洞下；《補續全蜀藝文志》卷五四“瓊鐘”條云：“越巂衛西北六十里山半有洞，寬敞可容數十人。崖半懸石一片，長五尺，闊四尺，厚四寸，擊之有聲，名曰‘瓊鐘’。國初龜壺道士修煉於此。有詩留石壁云……”而蔣超《峨眉山志》卷一四所收《詠瓊鐘》詩正與《補續全蜀藝文志》所載詩歌相合，則據目前所見文獻來看，此聖鐘石似有三處，而尤以此處所謂接引殿附近之物爲附會者也。

太子坪

太子坪，明萬行庵也。萬曆初年，僧古智開建。清順治中，行僧聞達，法名性確，重修草庵堂、報國寺、接引殿及海會禪林時所重建。《山志·山道》云“庵基屢易，今特寬廣靚深”，蓋聞達之功也。登山至此，乃就坦途，勞頓行人得大歡喜。明時有大歡喜亭，今存其名，而亭與附近回龍、大覺、法慧諸庵，并淪爲荒墟，墻礎不辨矣。大抵嘉靖、萬曆之際，萬行庵以上，茂林芳卉，蒙蔽陵谷。須彌無主，聽僧結茅；法嗣賢明，遂開基業。故山頂諸庵如净土、卧雲、文殊、觀音、白衣、富順、永定、聖水、鳳凰、普賢、圓覺、般若、彌陀、天啓、禪定、金像、勝峰、蓮華、洪範、華嚴、華藏、定慧、卓錫、毗尼、净居、法華、慧日、太虚、鳳嶺、定居等庵，以及思佛亭、萬聖閣、楞嚴閣、中静室、七十二古德名庵坊等，不下數十，乃或一廢難興，或屢興屢廢，或遷建而仍存其名，或易名而未改其地，蓋成毁相循。十年之間，猶嘆遷化，况經數百年乎？

清初，寺僧有普權者，樂山符鎮先氏子也。先、凌二姓争地涉訟，普權負神龍像，誅茅居之，稱先蓬子。時邑令尊釋，斷歸先氏。普權即地建刹，今符鎮太子院是也。太子坪梵宇頽廢，僧亦庸俗，樓供太子，不審何神。游人以錢擲之，謂中則必慶弄璋。詹鴻章曰：“山僧之愚人乎[一]？抑人或自愚耳。”

永慶寺

永慶寺，古回龍庵也。内有戒壇，明末三濟上人開建。清代以來，或稱蟠龍，或稱延慶，庵基三徙，寺名屢更。乾隆初年，月朗居之。月朗諱心誠，别號鐵頭，閩之汀州連城陳氏子，華嚴頂慧先老人之嫡嗣也。力舉千斤，智黨萬夫，居成都小廟二十七處，皆虎狼禍患之地，鐵頭居

[一]“山”，原無，據《古今游記叢鈔》卷三〇《峨眉山游記》補。

之，群賊破膽。行脚，首參內江聖水可拙老人[一]，次參資州斌念禪師，有語録二卷。其在寺也，生擒活虎，覆之鐘下，至今僧人猶稱道之。

乾隆末年，永朝居之，修葺寺宇。永朝諱覺宗，湖廣綏寧蘇氏子。禮華嚴頂德岸本證上人，妙悟玄玄，圓通自證，逍遥三昧，脱離塵埃，現出本來，一塵不染。有徒衆七十餘人。其住華嚴頂也，鳴梆召鼠，以飯布之，令飽食而散，有類綉頭之飼蛇鼠者。嘉慶元年丙辰，寺遭回禄，銅佛諸像盡付焚如。乙丑之歲始改今名，門首有川南道黄雲鵠書“永慶寺”三字[二]。

今梵剎破敗，風雨不蔽。果笑上人力謀修復，數年之後，必有可觀者。余在山遍訪比丘譜系，皆無以應。獨果笑師以嘉、道間昌文上人所修譜相示，欣喜無似，特録其可以補舊志之闕者著於篇。其餘散見於華嚴頂、卧雲庵、普賢塔諸篇中，兹不贅云。

護國草庵寺

護國草庵寺，明神宗賜額。或稱通天堂，古圓通庵也。萬曆元年，通天老人開建，通天行事見大乘寺篇中。《志》稱明神宗賜慈寧宫皇太后手書佛號綉金長旛一對，烏思藏金、銀書番經各一本及沉香塔等[三]。今沉香塔竟冒寺名。塔八方七級，徑八尺，高一丈六尺，紫檀爲身，沉香爲頂，寺僧爲圓蓋亭以覆之。江皋云：“雕鏤金彩，工巧天然。”[四]袁子讓曰：“圓覺庵宏闊幽深，大於諸院。前樹兩旛，高可十丈，皆組金錯綉所成，字畫書法不類尋常。”[五]又萬曆間建複閣，奉拾得尊者，謂拾得普賢願王後身也。光緒間，後殿祀慈寧太后像，重太后之護法也。凡見於方志者如此，然三經回禄，毁滅殆盡。

[一] 聖水可拙：即明玉可拙，《雙桂禪燈録》載其小傳云：“生於大清康熙十一年（一六七二）壬子歲十二月初十日辰時，係江南江寧府溧陽縣史氏。康熙五十五年（一七一六）至六十一年（一七二二）主席華嚴方丈，雍正年內江縣四衆請主聖水寺方丈，至乾隆十一年（一七四六）九月念三日圓寂。”

[二] 黄雲鵠：宣統《峨眉縣續志》卷一〇小傳云：“字翔雲，改號祥人，湖北蘄州人。由進士官兵部郎中，出守四川雅州府，升劍南兵備道，署臬司，補下南道。以原秩歸里，著《實其文齋詩文集》。”光緒《蘄州志》卷九稱其爲咸豐三年（一八五三）進士。

[三] 按，此説見蔣超《峨眉山志》卷八。

[四] 按，此文出《游峨眉山記》，載蔣超《峨眉山志》卷九。

[五] 按，此文出《游大峨山記》，載蔣超《峨眉山志》卷九。

庚辰六月之杪，余梯山劳頓，暫憩寺中。殿宇閴静，僧徒無人，葺補未成，房廊不備。宏闊幽深，徒勞想像。昔通天隆盛之際，有歸空和尚者，諱明陽，自幼出家慈氏寺。三十年行脚，不襪不席。曾跪行至五臺，足膝流血，不知痛苦。爲參古智，燃一指以供文殊。再禮普陀，參大智，燃一指以供觀音。後禮峨眉，叩通天，燃一指以供普賢。及至北京，譽者日衆。孝定李太后欽其高行，創寺居之。神宗賜額曰長椿，并賜紫衣、金頂凡三。吉水鄒都憲南皋問："十指今七，那三指何在？"曰："十指依然。"又問："老師遍參，所得何事？"曰："是慈氏寺明陽。"崇禎甲戌九月朔逝世，迄於今三百五十年矣[一]。高僧風息，無惑乎名山古寺之荒寂也。

附近有祖師殿，傳通天肉身在焉。殿之修建不過百年，古殿廢弛，僧復窮困，余亦未之深察也。江皋《記》云："有净土庵，供通天肉身於塔，端嚴如生。"

天門寺

天門寺，明瑞峰禪師所建也。殿逼天門，危臨淵谷，年久失修，日就頹廢。比丘四五，設肆賣藥以爲口糧。峨眉産藥，如黄蓮、石瓜、藥茱萸、蒼术、三七、常山、茵陳、蒼耳、梔子、升麻、川烏、沙參、獨活、半夏、桔梗、黄精、草烏、南星、芍藥、紫宛、青木香、紫荷車、天門冬、威靈仙、龍胆草、益母草、夏枯草、白豆蔻、金毛狗、馬蹄香、五加皮、何首烏、鹿含草等數十種。據云諸藥主治均有奇效，予未讀《本草》，無法深究也。

附近有老僧樹，明王士性云："樹兩歧直立，枯而空中。一游僧來定焉，復榮抱爲一。僧定，故未出也。乃知龍淵慧持之事爲不誣，奇矣！"[二]據言空樹定僧有類慧持，則老僧必非慧持。乃譚氏《圖説》云："按，老僧即晋遠公弟慧持。"殊可笑也。寺左頑石横峙，劃然中分，如排閶闔，名天門石。石上刊有燕山張能鱗題"天開不二"四字，及見吾題聯[三]，

[一] 按，此僧事迹見蔣超《峨眉山志》卷四。

[二] 按，此文出《游峨眉山記》，見蔣超《峨眉山志》卷九及王士性《五岳游草》卷五。王士性，字恒書，號元白道人，浙江臨海人。《王士性地理書三種》之《前言》對其事迹有詳細介紹，可參看。據此文末署題時間爲萬曆戊子，知其游峨眉山在一五八八年。

[三] 見吾：據本書後文《龍虎寺》篇，此人名尹見吾，夾江人。

存“梵門横披井絡雲”七字。此外，有“嘉靖四十二年正月十三日監察御史王大任欽奉皇帝敕命[一]，遍歷名山，徵求□□玄祕[二]，同□守巡撫南布政道布政司□□□[三]、參議楊守魯[四]、按察司僉事王時槐[五]，登至絶頂”等字。年月下，知縣曹天俸、典史黄大浩附記焉[六]。蒼苔剥蝕，所能辨識者如此而已。

乾、嘉間，寺僧以參加哥老賈禍，僧盡逃逸。明心寺僧仗義訟之，復得收回。然天門古剎不復振作矣。

文殊庵

范石湖《山行紀》云：“桫欏者，其木葉如海桐，又似楊梅，花紅白色，春夏間開，惟此山有之。初登山半即見，至桫欏坪，滿山皆是。”明

[一]“任”，原作“岱”，不知是劉君澤辨識有誤還是此書原文刻印有誤，今據《明世宗實録》卷五一五“嘉靖四十一年（一五六二）十一月乙酉”條改。按，《明世宗實録》云：“命御史姜儆、王大任分行天下，訪求法士及秘書。儆南直隸、浙江、福建、江西、廣東、廣西，大任北直隸、河南、湖廣、四川、山西、陝西、雲南、貴州。”正此處刻石所稱之事也，《明史·佞幸·顧可學傳》亦載此事。◎王大任：據《嘉靖癸丑科進士同年便覽録》，此人爲陝西延安府保安縣人，字汝成，號及泉，生於嘉靖六年（一五二七）正月初三，治《詩經》。又據《明世宗實録》卷五三九，嘉靖四十三年（一五六四）十月甲戌，王大任與姜儆還京師，上嘉其勞，詔俱升翰林院侍講學士。雖然此次二人訪得方士和秘書不少，但方士實爲庸人，故《明穆宗實録》卷三載，隆慶元年（一五六七）正月，刑科給事中徐公遴劾奏二人以訪求方士和法書驟致清華，所薦方士俱正刑章，姜、王二人不當再任原職。所以，二人革職閑住，後來史書、方志等皆諱言其人，不爲王大任立傳。

[二]按，此處所缺二字，若據上一條所引《明世宗實録》，可能是“法士”或“方士”二字。

[三]按，此三字之闕文，若係人名，據萬曆九年《四川總志》卷三，嘉靖四十二年（一五六三）任左布政使者爲亢思謙。雍正《山西通志》卷一一一小傳稱亢思謙字子益，號水陽，臨汾人，嘉靖甲午（一五三四）舉鄉試第一，丁未（一五四七）成進士，選翰林庶吉士，授編修。後擢陝西按察使、山東右布政使等職。

[四]“魯”，原作“□”，殆劉君澤所見漫漶也，今據雍正《四川通志》卷三〇所載嘉靖年間有參議楊守魯補。按，據萬曆《宜興縣志》卷八小傳，此人原籍長沙，字允德，號魏村。又據光緒《湖南通志》卷一六五小傳，此人爲嘉靖丁未（一五四七）進士，歷官陝西右布政使。萬曆九年《四川總志》卷三稱其嘉靖四十二年任四川右參議。

[五]“僉”，原作“命□”，“命”字乃“僉”形近而誤，“□”則誤衍，據雍正《四川通志》卷三〇所載嘉靖間按察使僉事有王時槐而改。其人傳記見《明史·儒林二》。

[六]曹天俸：同治《饒州府志》卷一五稱此人爲浮梁縣人，字順卿，官知縣。道光《南江縣志》卷中稱其隆慶元年（一五六七）任南江縣知縣，而樂山舊志皆失載，據此可知此人嘉靖四十二年（一五六三）前後任峨眉知縣也。◎又，典史黄大浩事迹不詳，樂山舊志亦失載。

陳文燭曰："最上桫欏坪，蓋有桫欏花。捫石穿林[一]，黯黲不見天日。"曹能始曰："天門石以外爲桫欏坪[二]，桫欏，其葉冬青，其花薝蔔[三]，其色赤白，木皮殿以上皆有之。然有雜樹，故不之稱，稱天門。天門樹，桫欏三之二[四]，松居其一。"胡世安曰："桫欏樹高可五七丈[五]，葉似枇杷，花備黄紅紫白諸色，叢蕊并蒂，大可尺許，三四月最盛。第性喜寒，不耐暄燥，移下方多不育，俗輒詭其説，謂'菩薩私玩'。此界多此花，故名。"乾隆間，中州竇絅曰："過天門，絶無雜卉，惟桫欏遍山。"[六]據此，則宋、明諸賢所稱桫欏坪，實今文殊庵四圍地也。

文殊庵别名金剛寺，光緒間圓明上人重建。庵下舊有七天橋。胡世安云："雖無灌注，遇雨成溪。"袁子讓曰："七天者，峨山爲第七洞天也。橋跨溪流，四時皆淩，惟此時潺湲有聲。"[七]子讓萬曆辛丑七月游山。乃今則空曠一坪，無溪無水，更無津梁，優曇寶樹，了無一株。而古之茶庵、天仙橋、"爲天一柱"坊等，亦與七天橋并廢爲荒墟。翻閲記載，輒感滄桑。庵上有和尚塔，照圓上人肉身所在也。初題普賢塔，譚鐘岳以爲和尚法身不當冒菩薩尊諱，改題今名。照圓事略見卧雲庵篇中。

庵僧窘甚，製蒟蒻爲雪芋。蒟蒻葉青莖斑，形如半夏，頭大至數斤。磨煮成團，類豆腐而色黑。露置板屋，雪浸漬之。經年乾實，取而售之。或封贈檀樾[八]，此亦山中特産也。

光相寺

光相寺，俗稱祖殿，傳爲漢時普光殿也。范石湖云："光相寺亦板屋，無人居，中有普賢小殿。"[九]富好禮云："絶頂平曠數畝，有光相、普光

[一]"林"，原作"性"，因襲光緒刻本《峨眉山志》卷九而誤，據蔣超《峨眉山志》卷九改。
[二]"天門"前，原衍"過"字，據蔣超《峨眉山志》卷九《辛亥游峨記》删。
[三]"薝蔔"，原作"簷葡"，形近而誤，據蔣超《峨眉山志》卷九《辛亥游峨記》改。
[四]"二"，原作"一"，據蔣超《峨眉山志》卷九改。
[五]"五七"，原作"三四"，據蔣超《峨眉山志》卷九《登峨山道里紀》改。
[六]按，此文出《游峨眉山記》，載蔣超《峨眉山志》卷九。
[七]按，此文出《游大峨山記》，載蔣超《峨眉山志》卷九。
[八]檀樾：同"檀越"，"施主"之意譯，古籍中此種寫法常見，如《四部叢刊》本《揭文安公全集》卷一之《四友詩》即有"檀樾檀樾，生好處，生好處"。
[九]按，此文出《峨眉山行記》載蔣超《峨眉山志》卷九。

二殿，皆用鐵爲瓦。”[一]陳文燭曰：“舊有銅、鐵、錫三殿，今存鐵瓦殿。”[二]王士性曰：“乃趨三殿頂禮，先錫瓦，次銅瓦，上絶頂爲鐵瓦，皆像普賢也。一名光相寺，蓋山高風厲，雪霜剥蝕，以瓦蓋屋，一年輒碎，宋王瞻叔参政嘗試之矣。洪武時遣寶曇重修[三]，始鑄鐵瓦。”然木材建構，難支十年。雪漬風化，倏忽朽滅。明代建築如天王殿、祖師堂、龍神堂及别傳上人所修普賢殿、妙峰上人所建藏經閣一名永延寺、殿後楞嚴閣、“捫参歷井”坊、坊後培風館等，皆久已無存。讀蜀懷王《普光殿記》[四]，則又不勝化爲草莽之區之感也。康熙初年，四川巡撫張德地捐俸[五]，委峨眉尉彭昌德重修殿宇。雲南援剿總兵祁三昇捐資添造鐵瓦[六]，按察趙良璧葺補[七]。當時香火亦云極盛，朝山居士多憩宿焉。

乃高賢之記，特詳佛光，經典、古物闕焉不載。凡普賢殿宋太宗書“天真皇人論道之地[八]，楚狂接輿隱迹之鄉”簡板[九]，藏經閣明神宗所頒《龍藏》，清聖祖所賜“玉毫光”匾額，“絶頂來還晚，寒窗睡達明”對聯，

[一] 按，此文出《游峨眉山記》，載《古今游名山記》卷一五。

[二] 按，此文出《游峨眉山記》，載蔣超《峨眉山志》卷九。

[三] “遣”，原作“遺”，據刊誤表改。按，此文出《游峨眉山記》，載蔣超《峨眉山志》卷九。

[四] “蜀懷王”，原作“蜀王懷園”，據蔣超《峨眉山志》卷九《峨眉山普光殿記》改。按，據《明史·太宗諸子·蜀王椿傳》，“子懷王申鈙嗣，成化七年（一四七一）薨”，即此記作者也。

[五] 張德地：雍正《四川通志》卷三一小傳云：“張德地，满洲籍，直隸遵化人。康熙三年（一六六四），以都察院右副都御史任，歷工部尚書。”張德地曾捐資重建光相寺與萬年寺，各撰有《重修光相寺碑記》《重修萬年寺碑記》，收在《峨眉山志》卷九及乾隆《峨眉縣志》卷九，據《重修萬年寺碑記》所稱“今上龍飛四年”，則其捐資重修二寺在康熙四年（一六六五）。

[六] “鐵”，原作“鑄”，據刊誤表改。◎祁三昇：明末清初陕西人，明代時封咸陽侯，後降吴三桂。據《清聖祖實録》卷三，順治十八年（一六六一）秋七月己酉，“授投誠僞咸陽侯祁三昇左都督、加少保兼太子太保”；同月辛酉，“以少保兼太子太保、左都督祁三昇爲雲南援剿後鎮總兵”。《劉繼莊先生廣陽雜記》卷一有此人小傳。

[七] “璧”，原作“壁”，形近而誤，據蔣超《峨眉山志》卷九《重修光相寺記》署名改。按，此人爲遼東開原人，事迹散見於諸多方志。康熙《徐溝縣志》卷四稱其由鑲黄旗廕生，於康熙八年（一六六九）任徐溝知縣；乾隆《潞安府志》卷一六稱其任襄垣縣知縣，惜未詳何時；乾隆《涇陽縣志》卷五亦稱其任該縣知縣，未詳何時；雍正《廣西通志》卷五八稱其康熙二十二年（一六八三）任南寧知府；雍正《浙江通志》卷一二一稱其在康熙二十七年（一六八八）任分巡寧台道；雍正《四川通志》卷三一稱其康熙三十四年（一六九五）任四川按察使；《重修光相寺記》則自言康熙三十五年任浙江布政使。《欽定八旗通志》卷一一六有小傳，但主要記載其任徐溝知縣時之事。

[八] “普”，原誤作“菩”，據蔣超《峨眉山志》卷八改。

[九] “天真皇人”，原作“天皇真人”；“隱迹”，原作“隱逸”，據蔣超《峨眉山志》卷八、《蜀中廣記》卷一一、《全蜀藝文志》卷六四所引《輿地碑記目》改。又，“隱迹”，《輿地紀勝》卷一四六作“隱景”。

“慈燈普照”匾額等，散失情狀，皆莫能詳。惟成化五年《普光殿記》銅碑尚在，僧人忽略，露放雲霧中。正殿鐵身羅漢十八，銅身普賢騎像一，高丈許，不及磚殿之偉麗。殿後三鐵神，一騎獨角獸，不審何神也。殿面東臨深，危巖萬仞，曰睹佛臺。或即范石湖所稱光明巖也？光相臺，現光臺，臺左童子臺，臺右辟支臺。沿臺初建石欄以護游人，川督羅思舉易植鐵柱九[一]，横貫鐵繩四，憑欄眺望，下臨無地。初歷高山，盡若培塿。岷江、大渡、青衣蟠於平野，樂西公路蜿蜒山麓，遠者畢没於浩蕩也[二]。

《洪雅縣志》載，瓦屋山光相寺云唐有蒲光者，見南北兩崖現辟支佛像、五色圓光、神燈、金船等，遂名辟支道場[三]。范石湖《山行紀》云：“小瓦屋亦有光相，謂之辟支佛現。”而峨眉山相傳漢有蒲公采藥峨眉山[四]，見鹿足迹如蓮花。追至絶頂，惟見祥光焕赫，紫氣騰涌，聯絡交輝，成光明網。蒲公徑投西域問寶掌和尚，知爲普賢祥瑞，因歸建普光殿，即今光相寺也。《志》又稱普光殿改名光相寺當在唐、宋時[五]。余以爲古今事竟相類如此，而漢、唐時異，光、公聲近，讀者可知也。

《志餘》云：“睹佛臺往往有舍身者，大約離三四年即有之。”[六]余謂此大害事。明太傅王世昌越《題泰山舍身崖》詩云[七]：“舍身崖下深難測，每怪輕生世上人[八]。我亦有身偏自重，舍時除是爲君親。”當刻詩臺上以示談舍身者。

[一] 羅思舉：四川東鄉人，生於一七六五年，卒於一八四〇年，字子江，號天鵬。道光時期著名將領，歷任四川、雲南、貴州、湖南提督，有自撰《羅壯勇公年譜》。據《清宣宗實録》卷一八，此人於道光元年（一八二一）五月二十九日調任四川提督。又據同書卷二四，道光元年十月十一日調任雲南提督。若此人到峨眉山在四川提督任上，則在道光元年也。

[二]“於”，原作“有”，據刊誤表改。

[三] 按，此説見嘉慶《洪雅縣志》卷七。

[四]“藥”，原脱，據蔣超《峨眉山志》卷二《諸經發明》及同書卷三“鶩殿”條等補。

[五] 按，此説見蔣超《峨眉山志》卷三“光相寺”條。

[六] 按，此《志餘》指蔣超《峨眉山志》卷一八。

[七]“崖”，原作“巖”，據《山樵暇語》卷五“泰山有舍身崖”條改，詩歌中此字徑改。按，關於此詩，暫時見到之最早記載即《山樵暇語》，然鄧拓《燕山夜話》之《古迹要鑒别》一文，引此詩大致相同，却題作者爲李炯然，不知所據爲何？詩歌亦小異，末句作“舍身除是爲君親”。◎王越：字世昌，《明史》卷一七一有傳，正德《大名府志》卷一〇有李東陽所作《太傅王襄敏公越墓志銘》。

[八]“生”，原作“身”，據《山樵暇語》改，《燕山夜話》亦作“生”。

永明華藏寺

金殿踞峨嶺高峰，亦稱銅殿。明神宗賜額“永明華藏寺”，即今俗稱金頂是也。印光撰《峨眉山志》，高僧“妙峰”條云：“初，登奉敕送《大藏經》於鷄足山，歸而禮峨眉，發願鑄三大士滲金像，而以銅殿覆之。及至京稟復後，遂杖錫謁潞安瀋王[一]，王出萬金，即具資送登往荆州監製。殿成，運至峨眉，大中丞王霽宇撫蜀[二]，爲之輔助，遂建聖壽永延寺，欽賜經藏。工成，登令惟密師住持。”隨即造普陀金殿，王霽宇捐資供於寶華，既又造五臺金殿。

聊城傅光宅《金殿記》云：“妙峰登公自晋入蜀，携瀋國主所施數千金，來謀於制府。濟南王公委官易銅於酆都、石柱等處，内樞丘公復捐資助之[三]。始於壬寅之春，成於癸卯之秋。而殿高二丈五尺，廣一丈四尺五寸[四]，深一丈三尺五寸[五]。上爲重檐雕甍，環以綉櫺瑣窗。中坐大士，傍繞萬佛。門枋空處，雕畫雲棧、劍閣之險及入山道路逶迤曲折之狀。滲以真金，巍峨晃漾，照耀天地。”龍眠江皋《游山記》云：“殿四隅環列銅塔，高六七尺。有銅碑，高六尺，闊三尺，古色蒼翠，其光可鑑。左王毓宗《記》，集王羲之書；右傅光宅《記》，集褚遂良書。萬曆癸卯九月立，記建殿事甚悉。”[六]

[一] 瀋王：據蔣超《峨眉山志》卷九《大峨山新建銅殿記》，此殿新建始於萬曆壬寅（一六〇二），次年癸卯竣工。據《明史・太祖諸子三・瀋簡王模傳》，“萬曆十年（一五八二）恬烄薨，子定王珵堯嗣”，則此瀋王爲朱珵堯。

[二] 王霽宇：雍正《四川通志》卷六小傳云：“王象乾，字霽宇，山東新城人，隆慶辛未（一五七一）進士。萬曆辛丑（一六〇一），以兵部左侍郎巡撫四川，總督川、湖、貴州軍務，代李化龍經理播州善後事宜。時楊應龍初平，議改土設流，創立郡縣，繕城立學，撫流移，寬徭賦。屢疏上聞，區畫詳明。又畫圖爲式，得旨如議。後以憂歸。”按，此傳中之“區畫”原誤作“區盡”，據文義改。小傳中稱王象乾字霽宇，亦誤，當爲號霽宇也。道光《濟南府志》卷五一有詳傳，稱其字子廓。同時還收其二弟、三弟之傳，二弟王象泰，字子循；三弟王象晋，字子進，三兄弟之字相類，故作字子廓、號霽宇爲是。

[三] 丘公：丘乘雲，本爲御馬監太監，據《明神宗實録》卷三三一，萬曆二十七年（一五九九）二月甲戌“遣内監丘乘雲督原奏千户翟應泰等徵税開礦於四川”。《明史》之《周嘉謨傳》《宦官二・梁永傳》及《酌中志》卷一四《客魏始末紀略》皆有此人事迹。此人播虐蜀地，民憤極大，天啓元年（一六二一）才召回。

[四] “五”，原作“四”，據蔣超《峨眉山志》卷九《峨眉山普賢金殿碑》改。

[五] “五寸”，原無，據《峨眉山普賢金殿碑》補。

[六] 按，此文出《游峨眉山記》，載蔣超《峨眉山志》卷九。

夫金殿之修，於今三百四十年矣。清末迭罹回禄，銅殿毀滅。胡孝博曰："其碑碣、欂櫨、榱棁皆銅，重檐雕甍，鏤飾工細，各狀億萬千佛，吉光片羽，僅有存者。一一玩視，叩之聲清越。"[一]夫銅殿毀滅已近百年，特録前賢所見者如此。

金殿舊基今有磚殿，光緒十八年月照上人修建。殿内銅質普賢象王高丈許，邑令秦象曾請藏人新鑄[二]。懸金字聯曰："碧巖丹嶂極高寒，到此間搔首可問天，懶問天，但聞佛笑；玉宇瓊樓真咫尺，喜今宵展眉能近月，要留月，不許雲飛。"雙流劉咸滎撰并書[三]。殿後巖邊有銅塔二，一刊"翰林院檢討、賜進士王毓宗施造"，高七尺許，八重六方，黑色如鐵；一刊"萬曆壬辰年李姓施立"，刻鏤精緻。然甚爲敗亂，并光緒間鐘磬等露放巖邊。金殿銅碑置山門虚樓之下，文猶可讀也。

附一：新　殿

胡孝博云："香火之盛，光相與華藏埒，而光相尤盛云。"[四]自光緒以來，金殿坎下建構日增，雖迭經回禄，而修復迅速，且益宏闊。光相寺則一蹶不振，香火亦遠遜焉。時不百年，而興衰懸殊，蓋亦人事也。惟坎下建築不類梵宇，殿中供玉佛八尊，坐者高尺許，立者、騎獅象者高四尺許。云古迦師自緬甸海運，經新加坡、香港、上海溯江而歸者也。大殿懸供十六尊者，竹禪所繪，亦拓自浙江鄞縣天童寺[五]。佛前法器亦甚華貴，殿覆鉛皮，鐵瓦甚少。藏經數篋，不暇閲其目録。舍利數枚，不能辨其真贋，此其大略也。至若高僧大德駐錫絶頂，可以考信者，唐時有黄龍繼達禪師、趙州和尚，明時有寶曇國師、匾囤禪師，共四人。

繼達禪師，昔參晦機[六]，回峨眉，住光相寺。僧問："如何是衲師作

[一] 按，此文出《峨眉山行記》，載《玉津閣文略》。

[二] 秦象曾：江蘇江寧人，宣統《峨眉縣續志》卷五稱此人咸豐二年（一八五二）任峨眉縣令，咸豐五年（一八五五）離任，七年（一八五七）又回任。同卷有此人詳傳，稱其字季賢；然同書卷九收此人詩文，小傳又作字"集賢"，當以字"季賢"爲是。

[三]"滎"，原作"榮"，形近而誤，今據此人名字改，詳本書《蘿峰庵》篇之"劉豫波"注文。

[四] 按，此文出《峨眉山行記》，載《玉津閣文略》。

[五]"鄞"，原作"涇"，誤，今據天童寺在舊浙江寧波鄞縣改，詳本書《接引殿》篇注文。

[六] 晦機：唐鄂州黄龍山晦機禪師，清河人，俗姓張，傳見《景德傳燈録》卷二三。

用處？”[一]曰：“横鋪四世界，竪蓋一乾坤。”問：“道滿來時如何？”曰：“要羹與羹，要飯與飯。”問：“黄龍出世，金翅鳥滿空飛時如何？”曰：“我問你金翅還得飽否？”[二]僧無對。

趙州和尚者，曹州郝氏子，名從諗，童稚披剃，抵汝陽，參南泉，言下即悟。乃往嵩岳琉璃壇受戒，仍返南泉。衆請住趙州觀音院，一曰東院，道化大振。昭宗乾寧四年示寂，年一百二十歲，敕謚真際大師。嘗禮峨眉於放光臺，不登寶塔頂。僧問：“和尚云何不到至極處？”趙州云：“三界之高，禪定可入；西方之曠，一念而至。惟有普賢，法界無邊。”[三]

寶曇國師者，諱示應；寶曇，别稱也。其先世自汴入吴，宋丞相王文穆之後[四]。有居吴興者，祖、父皆隱德不耀[五]，維信慕浮圖氏出世法。母朱氏，奉佛尤至。一夕夢僧踵門，明日即娠，當甲戌正月初七日也。既而僧自天目來，言斷巖禪師謝世，正是此日。在襁褓中，遇僧輒喜而笑。見佛即禮拜。雖老師宿德致敬[六]，弗拒也。又隨方建立伽藍，造佛像。以上《寶曇塔銘》[七]。洪武二十五年夏六月初九日，寂於天禧寺，年五十八。上聞，爲之傷悼。尋遣官諭祭[八]，飯僧三千員，荼毗會葬者以萬計，人皆謂古未有也。火後，其徒分遺骨，將於姑蘇、峨眉各建塔焉。師重修光相寺，以鐵爲瓦，并鑄普賢金像。留蜀十年，道化大行，其詳别見普賢寺篇中。

匾囤禪師者[九]，號無窮，禹州陳氏子。年逾二十，辭親出家。其親以師能引舌過鼻，必非常人，許之。投少林寺，禮喇嘛爲師。請求法名，師曰：“道本無形，何名之有？”固請，師授以《心經》，讀“五蘊皆空”，大悟曰：“身尚是幻，何處求名？”一日，手編大囤於師前，師指曰：“匾

[一]“衲”，原脱，據蔣超《峨眉山志》卷四及《蜀中廣記》卷八五補。

[二]“還”，原作“疾”，據蔣超《峨眉山志》卷四及《景德傳燈録》卷二四改。

[三] 按，趙州和尚傳記見《宋高僧傳》卷一一及《佛祖歷代通載》卷一七。此處禮峨眉之事見蔣超《峨眉山志》卷四及《蜀中廣記》卷八五。

[四]“丞”，原作“承”；“王”，原作“玉”，皆誤，據《補續高僧傳》卷二五此僧小傳改。

[五]“皆”，原無，易讓人誤會“祖父”爲一詞，據《補續高僧傳》補。

[六]“雖”，原作“維”，或形近而誤，據《補續高僧傳》改。按，此處所言與《補續高僧傳》略異。原文云：“所至緇白景從，莫不皆以和尚稱之。雖老師宿德致敬，坦不爲讓。”

[七] 按，此處稱以上内容見《寶曇塔銘》，據宣統《峨眉縣續志》卷一〇“寶曇三大碑”條，碑在普興場，左碑刻“寶曇禪師墓志銘”，乃道光中重刊者，此碑在今普興寺後石窟内。

[八] 按，宣統《峨眉縣續志》卷九有明太祖與蜀王所作兩篇《諭祭寶曇和尚文》。

[九] 按，此僧傳記見蔣超《峨眉山志》卷四、《嵩書》卷九等。

囤是汝名。”答曰：“既爲匾囤，爲甚麽空？”師曰：“教外别傳，方契此語。”隨至中條，又到峨眉絶頂，結茅以居。一日，見阿彌陀佛手執《大阿彌陀經》一部，曰：“藏内有經，藏外全無。付授與汝，廣令傳化。”禪師遂飛錫周流宇内，遍踏九州。後到京都，居吉祥庵。前後印造《大彌陀經》若干藏。未幾，復還少林。嘉靖二十四年，再之峨眉山，欲以終老。行至夔州江中，曰：“道曠無涯，逢人不盡。”登岸端坐而逝，祥雲結頂，身如金色。

其餘若北周之寶象和尚，唐之南泉老人、洞溪和尚、布水巖和尚、大乘和尚、史懷一，宋之行明禪師、禪惠大師、祖覺禪師，明之峨眉道者、萬世尊[一]、舒光照禪師等，皆嘗雲游暫栖，增光峨嶺。特其事迹無關兹山，故不贅云。今寺僧傳鉢號清法，中江鍾氏子[二]。修持堅定，開悟了達。壬午十二月八日示寂[三]，武進徐震爲撰塔銘。

附二：寶光、聖燈

寶　光

登絶頂者，皆以一睹寶光爲快。然崖下無雲，空中無日，亦未易见，蓋巧遇之難也。范石湖《山行紀》云：“人云佛現悉以午，今已申後。逡巡忽雲出巖下，傍谷即中雷洞山也。雲行勃勃如隊仗，既當崖則少駐。雲頭現大圓光，雜色之暈數重，倚立相對，中有水墨影若仙聖跨象者。茶頃光没，而其旁復現一光如前，有頃亦没。雲中復有金光兩道[四]，横射巖腹，人亦謂之小現。”又曰：“俄氛霧四起[五]，混然一白，僧云銀色世界也。有頃，大雨傾注，氛霧辟易，僧云洗巖雨也。佛將大現，兜羅

[一]“尊”下，原有“者”字，易讓人誤會此僧名“萬世尊者”，故删。按，據蔣超《峨眉山志》卷四，此僧名萬世尊。稱“萬世尊者”，蓋因《峨眉山志》小傳首句“萬世尊者，自稱峨眉山人”而誤會。此句中之“者”字，乃文言文判斷句標志。

[二]“鍾”，原作“鐘”，據文義改。按，作姓氏講，用“鍾”字，不用“鐘”。

[三]“示寂”，原誤倒，據刊誤表乙正。

[四]“中”，原作“光”，據蔣超《峨眉山志》卷九《峨眉山行紀》及《吴船録》卷上改。

[五]“俄”下，原衍“而”字，據蔣超《峨眉山志》及《吴船録》删。

綿雲復布巖下，紛郁而上，將至巖數丈輒止，雲平如玉地。時雨點猶餘飛，俯視巖腹，有大圓光偃卧平雲之上。外暈三重，每重有青[一]、黄、紅、紫之色。光之正中虚明凝湛，觀者各自見其形現於虚明之處，毫釐無隱，一如對鏡，舉手動足，影皆隨形，而不見旁人，僧云攝身光也。此光既没，前山風起雲馳，風雲之間復出大圓相光，横亘數山，盡諸異色，合集成采，峰巒草木皆鮮妍絢蒨，不可正視。雲霧既散而此光獨明，人謂之清現。凡佛光欲現，必先布雲，所謂兜羅綿世界[二]。光相依雲而出，其不依雲則謂之清現，最難得[三]。食頃，光漸移，過山而西。左顧雷洞山，復出一光，如前而差小。須臾，亦飛行過山外，至平野間，轉徙得得[四]，與巖正相直，色狀俱變，遂爲金橋。大略如吴江垂虹，而兩圯各有紫雲捧之[五]。凡自午至未，雲霧净盡[六]，謂之收巖。獨金橋現至酉後始没。”

胡世安云：“光相之現，有所謂‘攝受’‘清現’‘金橋’者，詳范《紀》。又有白色無紅暈者，曰‘水光’；如箕形者，曰‘辟支光’；如鐃鈸形者，曰‘童子光’；有尖稍上映，直竪斜移者，曰‘仙人首’‘仙人掌光’：皆一光變態而異名。當光欲現時，有小鳥如鸜鵒，飛止巖頭鳴，僧譯其語，曰‘佛現，佛現’。游人或掌粟，亦就食而去。”[七]古今紀寶光者，石湖最詳，世安次之。餘人所紀，特小異耳。

解之者曰：“佛祖光相不可思議。”又曰：“洞壑淵深，日色反射。”又曰：“山中晶石映日成采。”又曰：“佛光成因同乎月華。”又曰：“日光在上，雲氣在下，相映成光。”又曰：“日射雲霧，分光作用也。”樓藜然曰：“就余目擊之光，叠彩重環，大致如傳記所説。要與虹霓一理，斷無佛法可言。”又曰：“始終不悟虹之變相。虹半而此全者，横視則玦，俯視則規也。觀佛光旁現，亦有金橋之名，即其明證。”[八]大抵俯臨深谷，

[一]“青”，原作“素”，據蔣超《峨眉山志》及《吴船録》改。
[二]“世界”下，原衍“也”字，據蔣超《峨眉山志》及《吴船録》删。
[三]“最”，原作“爲”，據蔣超《峨眉山志》改，《吴船録》作“極”。
[四]下“得”字，原脱，據蔣超《峨眉山志》及《吴船録》補。
[五]“圯”，原作“旁”，據蔣超《峨眉山志》及《吴船録》改。
[六]“盡”，原脱，據蔣超《峨眉山志》及《吴船録》補。
[七]按，此文出《登峨山道里紀》，載蔣超《峨眉山志》卷九。
[八]按，此處引樓氏之文，皆出《峨眉紀游》。

雲海鏡平，天朗氣清，高懸紅日，斜度適合，即見寶光。五臺、泰山時或有之，然峨眉寶光則衆譽所歸也。

聖燈

寶光之外，復有聖燈。夜氣不清，亦難示現。陳文燭曰：“一僧報曰：‘聖燈現矣。’疾走現光臺。始現其一如火，漸至數百，時隱時現。僧云：‘往吹入殿中，信手掇之，一木葉耳。’理或有焉。”[一]袁子讓曰：“隱隱有一二點，如螢流、如星飛[二]，在巖壑上下間。有頃，分爲數十；有頃，漸分爲數百。往來樓臺欄甃之中，移時而散，竟不知爲何物。”清蔡毓榮曰：“初見一燈二燈，旋繞虚空。已復散爲百爲千，若列宿倒海，若繁星麗天。”江皋曰：“忽一燈從山外飄空而起，漸至十數點，争相上下，頃刻數千百點，如傾萬斛珠璣，歷亂山谷。”[三]觀四賢所記，已盡燈之情狀矣。然吹入殿中，往來樓臺、欄甃之説，絶非實事。山中天門石、接引殿、洗象池等處，亦可睹寶光、聖燈。伏虎寺聖燈，釋徹中曾一見之。國内如泰山、南岳、洛伽、羅浮、寶山、君山、崇善白雲洞、隆安火焰泉，皆有夜火如聖燈之狀。解之者曰木葉發光，又曰荒山磷火，又曰大螢之光，又曰干涉閃光，又曰居民燈光，又曰水田河流星星倒影。空氣流動，折光必變。星光摇宕，聖燈若飛。榮縣趙堯生詠佛燈[四]，其末云：“一斛夜光珠，散之萬壑岫。漁燈憶彭蠡，螢火思隋囿。谷罕人宵行[五]，又非炬夜狩。殷然異青磷，斷無山鬼遘。其來從何去，其竟於何究？此事非親見，難以常理叩。久立且歸卧，風露重裘透。”

[一] 按，此文出《游峨眉山記》，載蔣超《峨眉山志》卷九。

[二]“如螢流”“星”，原脱，據蔣超《峨眉山志》卷九《游大峨山記》及《補續全蜀藝文志》卷五六補。

[三] 按，此文出《游峨眉山記》，載蔣超《峨眉山志》卷九。

[四] 按，此詩題作《佛燈》，載於《峨眉風光》之《科學知識下的佛燈》，今整理本《趙熙集》失收。劉君澤所引不完，且文字有誤，故據《峨眉風光》引其詩上部分於後，并據之校改引文。其詩上部分云：“峨山朝佛燈，頗怪傳者謬。夜坐井宿中，寂寂數更漏。僧報佛燈現，急從巖前覯。始覺四五炬，俄且百事湊。恍依帝座前，低頭瞰列宿。明晦間彼此，出没時先後。忽散若相違，忽聚若相就。多寡與遠近，炫觀無滯留。”

[五]“宵”，原作“霄”，據《峨眉風光》改。

附三：金頂遠眺

金殿基址向稱絶頂。據劉上熹測量[一]，高三零二零粎，合九九六六呎。據南京氣象研究所設立之峨眉測候所測量，千佛頂高二三八三粎，合一一一六三呎。國内學者勘測三頂，其準確高度，以萬佛頂爲第一，次則金頂，又次則千佛頂。若然，則金頂高度又不止劉君所得之數矣。山高多風，且饒雨雪，木不能長，枝悉下垂。又斷無鳥雀及蛇虺、蚊蚋、蟻蟲之屬。煮水不沸，烹飯不熟。冬春之物長於炎夏，可畏之日反而可愛。身被重裘，猶需擁火。

曹能始曰："予登乎臺焉，其穆穆肅肅者耶？其明明斤斤者耶？其見乎蒼蒼之色不在穹窿者耶？其於世也，悠悠洋洋者耶？前之岷江大出而尾小也，背之瓦屋上正而平章也，遠之雪山瀸浮而汩没也。予何以知朱明之别於玄英[二]？又何以知皋、且之别於辜、涂[三]？何以知霾曀、霢霂之相終始？何以知螮蝀、挈貳之自消息[四]？又何以知弇日覆雲之不爲暈氣五采耶？又何以知人世之雕繪而綉錯、目眩而心亂者之有異乎此耶？噫！觀止矣。"[五]

胡世安曰："從臺上空霽時俯矚，可歷歷指者：不到寺、刺竹坪、蟠龍寺及龍池等勝，紫芝、玉蟾等洞，虎皮等岡，榮經等堡，銅山一帶，舉集其下。正東直對九龍、凌雲、烏尤等勝，而外榮德、巴岳層叠在睫。東南則羅回以外馬湖諸山，東北則中巖、青城、玉壘諸山。正西則兩峰高插，中一平偃而大，如供几案，曰曬經山。西南則邛崍、霧中、大小瓦屋巍峨并峙，西北則火焰、寶塔森棼羅列。惟雪山映天，玲瓏屏漢，鏡旭獨先，移暉遠矚，夐出西域諸峰表。天竺、葱嶺諸番界，俱在緲縹間。"[六]雪山即西康九龍縣境之貢噶山，高倍峨眉，終年積雪，爲我國第一高峰。

袁子讓曰："南顧從右平分者爲此山之仲，爲二峨山。再遠者爲此山

[一]"上"，原作"尚"，音同而誤，據此人所著《峨眉導游詳記》之署名改。按，劉上熹爲四川安岳人，生於一九一三年八月十六，卒於一九三四年正月十五。詳《峨眉導游詳記》之《作者事略》。

[二]按，朱明謂夏季，玄英謂冬季，見《尸子》卷上。

[三]皋且、辜涂："且"音 jū，《爾雅・釋天・月名》云，五月名皋，六月名且，十一月名辜，十二月名涂。

[四]螮蝀、挈貳：據《爾雅・釋天・風雨》，前者爲虹之别名，後者爲霓之别名也。

[五]按，此文出《辛亥游峨記》，載蔣超《峨眉山志》卷九。

[六]按，此文出《登峨山道里記》，載蔣超《峨眉山志》卷九。

之季，爲三峨山，鼎列如相揖讓。環山之水如雅水、邛水、瀘水、大渡河，皆如龍如虬，如帶如襟，旋繞目前，不可勝數。”[一]舊記如此。范石湖云：“瑰奇勝絶之觀，真冠平生矣。”[二]信哉！

卧雲庵

卧雲庵，明嘉靖間性天和尚開建。明王士性云：“覽三大師所傳西竺像，文殊、普賢虬鬚，觀音大士則頭陀而髯也，與入中國變相異。”[三]明末庵圮，像亦不存矣。康熙初年，總督哈占及文武宰官捐俸[四]，命伏虎寺可聞禪師重建，可聞法嗣照圓實董其事。

照圓號見無，廣東嘉應州長樂縣何氏子。順治五年來居伏虎寺，可聞命禮卧雲禪寺寂隱老和尚披剃。運石負米二十年，與照玉、照瑞、照元同建古庵，稱卧雲四友。方鳩工庀材，而三人下山，見無獨苦守修建，卒底於成。又發心由伏虎寺至山頂種杉、楠、柏等，株數準《華嚴經》字數。後坐茅天啓庵，拜《華嚴經》十載。在山四十年，宗風大振，道震山河。海青、五格戲號“活普賢”者是也[五]。先後奉聖祖賜命天來和尚，送普賢、韋陀、關聖各一尊，命大臣郭齊哈送匾“御書法寶”四大字及金字《心經》《藥師經》《金剛經》各一部[六]，御製詩一首。又差内

[一] 按，此文出《游大峨山記》，載蔣超《峨眉山志》卷九。

[二] 按，此文出《峨眉山行紀》，載蔣超《峨眉山志》卷九。

[三] 按，此文出《游峨眉山記》，載蔣超《峨眉山志》卷九。

[四]“占”，原作“瞻”，或音同而誤，據《清史稿》卷二五六本傳改。按，哈占，清滿洲正藍旗人，伊爾根覺羅氏。康熙十二年（一六七三）九月官陝西總督，後任川陝總督。《清史稿》有傳外，《欽定八旗通志》卷一七六亦有傳。

[五]“五”，原作“伍”，今改，説詳本書《清音閣》篇注釋。

[六] 郭齊哈：滿語漢譯，轉寫爲拉丁字母拼作“gochika”。據《新滿漢大詞典》，此詞爲形容詞，本義指“護衛皇帝的”，與 chooha 組成詞組，指羽林軍、禁衛軍、護衛軍，亦指大臣或官員的親丁。此官等級不詳，若據《欽定歷代職官表》卷四，領侍衛内大臣爲正一品，内大臣爲從一品，一等侍衛爲正三品。據蔣超《峨眉山志》卷首，奉命來峨眉山頒賜的欽差海青，其頭銜即爲郭齊哈；作爲欽差，其内大臣銜應爲臨時賜用，其實際品級當爲頭等侍衛，正三品。而《欽定八旗通志》卷一三，八旗佐領官所轄有“郭齊哈”，乃六品銜。其文云：“第二參領、第二佐領下第三管領，亦係雍正七年增立，以六品官郭齊哈管理。”某些著作或文章不曉此義，以爲“郭齊哈”乃大臣之名，如馮爾康《清史史料學》上册第二一七頁，又如《峨眉文史》第二輯所刊鄭必輝《古代帝王與峨眉山》、第五輯所刊年先春《峨眉山佛門四寶》、鄭必輝《峨眉解放紀實》、第六輯所刊熊峰《峨眉山留存的康熙墨寶》等文。劉君澤此處亦是誤將其當作人名也，爲免以訛傳訛，特表出之。

臣許公供肉身金龍、沉香寶幢、旛蓋、鎦金寶塔等，其見重於人主如此。見無示寂，另建小庵以供肉身，即所稱和尚塔是也。

照玉諱完碧，異號活韋陀，金陵人。飛錫京都，募化皇室，聖祖御賜，即師之力也。照瑞諱郢嵩，營山人，曾召見於五臺山，賚帑金回峨，後飛錫成都金繩寺。照元諱野谷，飛錫成都安順橋南臺寺。四友并傳臨濟三十四世，而見無法嗣獨爲最著，詳見華嚴頂篇中。

胡世安曰："卧雲庵亦西向，峰頂少井泉，惟此庵下有半月池，深廣不數丈，水日上滲，足飲千人。偶穢輒竭，僧持經咒祭之復溢。僧呼聖泉，又呼觀音水，或名以井絡泉。庵右有觀音閣，閣前有小睹佛臺，光現略早睹佛臺。左有石屹然[一]，曰金剛，昔有二仙，對弈石上，人趨視之。及歸，已七八十年[二]。若鐵汁鑄成，睹光者每倚藉之。右下有萬石嵯岈[三]，攢作一片，名七寶巖即獨尊臺。臺下有石室，户樞甚多有盤陀古洞。小睹佛臺下有盤陀石[四]，整潔可坐。石左復有一阜[五]，隆下盤頂，若锺鈕，僧呼'飛來鐘'。又左雷山側有二石，眉目宛然，名仙人面；又石有手痕，名仙人掌。"上述種種，或寺方隆時所布署也。

乾隆之際，有源通和尚者，湖南人。年二十，學道庵中，居恒惟一蒲團，眠食於斯，寒暑不易，蓋三十餘年。精研佛典，《華嚴》《楞嚴》諸經，暗誦了了。或問之，即指說無訛。山中僧人率皆其雲礽。年八十八，無疾而化。寺自道光戊申、光緒庚寅兩度失火，雖有修葺，難復舊觀矣。

明心寺

通慧上人諱真印，遂寧李氏子。傳爲曾文正公幕客[六]，後祝髮爲僧，游四方名山。晚年游峨，居天門寺，習静於峨眉絶頂，因構殿宇，即今

[一]"左"，原作"右"，據蔣超《峨眉山志》卷九之《登峨山道里紀》改。
[二]按，此夾注不見於《登峨山道里紀》，不知劉君澤據何增補？其後幾處夾注亦爲劉氏所加，胡世安原文無。
[三]"岈"，原作"研"，據《登峨山道里紀》改。
[四]"下"，原脱，據《登峨山道里紀》補。
[五]"阜"，原作"島"，據《登峨山道里紀》改。
[六]曾文正公：曾國藩，字伯涵，號滌生，湖南長沙人，清代名臣，謚文正，《清史稿》卷四〇五有傳。

明心寺也。明時光相寺極度宏敞，樓閣之屬，别有寺名。覆殿之瓦，銅鐵與錫，各殿不一，俗人之呼，因瓦易名。清代瓦毁名存。明心寺隆盛之際，用錫爲瓦，故亦呼錫瓦殿，然非古之錫瓦殿也。寺與金殿、卧雲庵均背東面西，踞絶頂斜坡凹坳處。今甚頹廢，方興工修葺。樓中藏經十橱，各七十二函，函各十卷，白文大字，蓋《北藏》走馬札本也[一]。信安上人，射洪錢氏子，年六十三矣。謂余曰："橱中之經，師叔了明諱如智者，由北京請歸者也。"了明，真印法嗣，與信安之師了清如寂協修殿宇，而了明又赴灌縣開建蟠龍寺焉[二]。

寺面古大佛坪，坡下古有净土庵，明嘉靖間大智和尚開建。大智名真融，楚人，初住化城寺，戒律精嚴，刻苦供衆。凡建立五臺、伏牛、峨眉、鍪華四常住[三]，後至普陀，修海潮寺。有遺願碑藏庵中，切戒子孫不得背衆營私、恃强争執。塔在普陀庵，傍有白龍池，水極甘美，中有龍子似蜥蜴。庵左過嶺直下，古有華藏庵，明東萍大師開建，荒廢久矣[四]。

千佛頂

千佛頂，《山志·附山道》注云乃伏牛僧無心所開。巖下有蓬萊三島，其餘莫能詳也。光緒十一年，接引殿定樂上人法嗣能修號祖學者來此習静。其徒仁安改建梵宇，命名萬壽寺。寺非宏敞，然殿堂雅潔，脱沙佛像此爲最多[五]。正殿鐵瓦覆之，餘用木板、鉛皮，加以茅茨。佛殿面西

[一] 走馬札本：我諮詢龍達瑞與李際寧二位先生，均稱首次見到這種説法。從"走馬札"即俗稱之馬札來看，乃一種可以折叠的便携式坐具，我們推測所謂走馬札本，應該就是經折裝，言佛經與馬札一樣可以折叠收藏也。

[二]"縣"，原作"綿"，據刊誤表改。

[三]"眉鍪"，原誤倒，據刊誤表乙正。

[四] 按，此處關於净土庵之記載本自蔣超《峨眉山志》卷三，而關於華藏庵的記載，則本自蔣超《峨眉山志》卷一之《附山道》。

[五] 脱沙：同"脱紗"，一種造像工藝。長北在《清代匠作則例中髹飾工藝解讀》一文（載《中國生漆》二〇一三年第三期）中介紹説："'脱紗'，元以前稱'夾紵'，元人稱'摶換''摶丸''脱活'，有用漆灰脱紗、用油灰脱紗兩種，工藝則大致相同：在秫秸上纏繞鉛絲鐵絲成佛像骨架，用泥增胎垛塑，堆塑面相衣紋，成型後，用漆灰或油饅糊數重麻布於泥模之上，層層待干，層層做灰漆，層層打磨，再層層待干，再糙漆、待干、打磨數遍，擊毁泥模，成光底脱胎佛像，最後油漆彩繪或裝金。夾紵漆佛像輕便堅固，適應了宗教活動中抬像游行的需要，南方六朝盛行一時。"

門外古有羅漢、獅子、桫欏、軟草等四坪及洗脚溪。自昔傳梵僧出没其間，高人幽隱於此。今則惟見記載，四坪、一溪已不可指，而梵僧、高人更無踪迹矣。冷杉環寺，古殿飛雲，遠瞻俯矚，略同金頂。瓦屋方平，雪山敷粉，伫立望之，令人不忍即去云。殿後象鼻巖，象鼻天成，懸深萬仞，省立峨眉測候所寄居焉。其記載絶頂高度，因時間、氣壓及儀器關係[一]，時有出入云。

萬佛頂

萬佛庵，舊有文殊庵、清凉庵、極樂堂等名，今稱萬佛頂。光緒中，通慧上人之徒所開建。殿宇不廣，廊廡修潔。藏經四十函，函各十册，宣紙鉛字，頻伽精舍校刊。其餘脱沙羅漢、鐵身菩薩、玉佛坐像、玉印等，寺僧以爲至寶也。山之高度，據民國二十三年英博士福慶測量，一一八零零呎，高金頂二〇〇呎，高千佛頂四百呎，爲峨眉絶高處。故天氣晴明，四山清爽，西望龍池，南眺鏵刃、綏山如蓬，九頂如烟，嘉州如浮，峨眉如社，盡在足底，歷歷可見。然游人登此，難遇晴明。而仰觀星漢，俯察山河，足以開拓胸臆、啓人神思者，不易得也。

庵前坪中有明月庵，光緒時空月上人坐茅處。茅屋三楹，蔓草荒寂，山礙視眼，霧鎖蓬門。明月庵西下七里有冰雪庵，傳鉢上人坐茅處也。《志》稱後山有放光寺，宋嘉州刺史王良弼奏請開建[二]，明時荒廢。今山後蕨坪壩有龍洞寺，光緒十年重建。寺右荒坪罅隙無數，深不可測。隙底涌泉，匯爲巨川，流經洪雅，入於青衣。蓋雨注高山，潛流涌出，呼曰龍洞是也。

華嚴頂

華嚴頂，雍正己酉通融慧先老人所開建也。卧雲庵見無禪師傳臨濟三十四世，其數傳之法嗣有昌文真秀者，大邑趙氏子也，具戒於峨眉靈覺堂，乾、嘉之際監寺事。嘉慶甲戌，開始修見無祖師以下譜系。命其徒孫能環赴邛、大、成、華、温、郫、新、漢、高、珙、榮、威、富、

[一]“壓”，原作“厭”，據刊誤表改。
[二] 按，此説見蔣超《峨眉山志》卷三。

隆、宜、屏、夔、巴、安等縣，瓦山、江蘇、雲、貴等地，遍訪稽考[一]，凡自見無起顯，盡録存之。道光丁未，譜成，分寫十八部。本山永慶寺、華嚴頂及榮縣大佛巖、饒家寺、隆昌覺華寺、榮昌觀音閣、富順文風觀、南溪永華寺、屏山雲居寺、巖翁寺、叙州雲峰寺、新繁雷音寺、大邑高峰寺、新都雙桂寺、華陽萬壽寺、余家寺、安縣寶華庵、牛華溪古佛寺，各存一部。余之所見，則永慶寺果笑上人所存也。據譜所載，大抵心誠、德岸、永朝與同時初殿月正老人、息心所德輝禪師、崇明堂南舟禪師并能研習佛法，静以修持。乾、嘉之際，山中之僧此其選也。殿中韋陀像、送子觀音、檀爐、香爐、萬歲牌并範銅爲之。十六尊者脱沙，均甚精美。

附近古有九龍院、九龍井、桂花洞及老僧樹等。寺踞九嶺岡絶頂，古爲玉皇亭，高約一千九百五十公尺。樓藜然曰："華嚴頂眼界豁然，别開生面。符文水至牛心寺上下，受白黑二水，繞回龍山[二]，折而西北流。瑜伽河自解脱坡穿涼風橋，折而南，過兩河口，由保寧、聖積等寺東北流。銅、雅兩河，微茫如帶，斜貫坰牧間。山澗細溝紛錯，蛇縈蚓繞争赴之。壠岡時有白氣上衝似烟突，以遠鏡矚之，一幅天然圖畫。"惜山道險岌，寺外峻坂曰蛇倒退，曰上天梯，其險峻可知也。

初殿

范石湖《山行紀》云："簇店，凡言店者，當道板屋一間，將有登山客，則寺僧先遣人煮湯於店，以俟蒸炊。"明時建寺，傅會山形類鷲，遂曰鷲殿。或曰蒲公初開此山，謂之初殿爲是。明時續恩禪師居之，募鑄銅佛諸天，大小三十餘尊。彌勒銅像，刊"夾江胡氏施鑄"，而年月不詳。康熙之際，泓川老人居之。江南比丘實林來禮老人，募鑄洪鐘，修葺頹廢。乾隆之際，楚之清學月正老人與實林、南舟共居之。四人者，皆精研佛法，有高名焉。相傳漢蒲公采藥，見鹿足迹現蓮花，即在此處。蒲公子孫聚居於斯，號蒲公村，今蒲氏式微矣。《洪雅縣志》載，瓦屋山唐時有蒲光，見山中現辟支佛光相[三]。余以爲傳説同而《山志》訛誤也。

[一]"遍"，原作"偏"，殆因"偏"字形近而誤，據文義改。

[二]"回"，原作"迴"，形近而誤，據樓藜然《峨眉紀游》改。

[三]按，此説見嘉慶《洪雅縣志》卷七，又可參前文《光相寺》篇。

殿後峰頂有羅漢殿。附近一碗水，明時聖僧施茶處。及泓川禪師所修木坊，南舟禪師所修琉璃牌坊，今并圮廢。殿外設肆，營業者數家，餅餌、草藥之屬，雜亂陳之。右設冰室，育秋蠶種，其建築頗與梵宇異趣也。

長老坪

長老坪，古長林禪院也。傳有長老坐化坪上，或曰長老謂蒲公也。明富好禮來游，小坐其中。陳文燭曰："長老坪差覺平坦，喬木千章，干雲摩蒼。交錯糾紛，古蘿蔓延下垂，人云此普賢綫也。"[一]袁子讓曰："左玉笋峰，右翠竹屏。見衆僧曳柴伐木攀藤而下，問之則曰：'歲寒山深，乘時積薪。稍近冬，雪當封山，游客絶往來，僧衆亦不能出門户矣。'"[二]胡世安曰："舊庵就圮，近有結茅以應乞漿者。"[三]此明人之記也。清康熙癸卯，峨澈禪師移建，名仍其舊。光緒末年，樓藜然曰："修篁翠岑森護，長老坪左則漢蒲公結廬處[四]，下爲蒲氏村。遠山萬點，匍匐肘下。外則塍埒綺錯，宛然水田衣稻畦帔標本。"此清人之記也。

殿宇面北，地勢軒爽，廊廡修潔，亦有山猿向人乞食。坪下有雲壑、風洞、觀音巖、放光坡諸勝。坪左萬壽坡下，宋時懷古禪師創修正殿三楹，供古佛及蒲公像。明正德初，宗寶上人重修，額曰萬壽堂，命徒會賢理之。别於坪側元寶山修建静室，尋改永明萬壽禪林[五]，今并荒廢無迹。懷古者，峨眉人。宋時浮屠九人，以詩名於世，曰劍南希晝、金華保暹[六]、南越文兆、天台行肇、沃州簡長[七]、青城惟鳳[八]、淮南惠崇、江東宇昭、峨眉懷古。當時有集曰《九僧詩》，然不傳久矣[九]。

[一] 按，此文出《游峨眉山記》，載蔣超《峨眉山志》卷九。

[二] 按，此文出《游大峨山記》載蔣超《峨眉山志》卷九。

[三] 按，此文出《登峨山道里紀》，載蔣超《峨眉山志》卷九。

[四] "廬"，原誤作"蘆"，據《峨眉紀游》改。

[五] "壽"，原作"禱"，據《峨山圖志》之《息心所至長老坪圖説》改。

[六] "保"，原作"寶"，音同而誤，據《直齋書録解題》卷一五及《清波雜志》卷一一"九僧詩"條改。

[七] "沃"，原作"汝"，形近而誤，據《直齋書録解題》及《清波雜志》改。

[八] "惟"，原作"維"，音同形近而誤，據《直齋書録解題》及《清波雜志》改。

[九] 按，此説謬矣，《九僧詩》尚存，有多個版本，可參陳敏《〈九僧詩集〉研究》（浙江大學二〇一六年碩士學位論文）。

息心所

明嘉靖、萬曆之際，息心所蓋小庵也。明嘉靖八才子有熊過者[一]，富順人，撰《息心所頌》，文載《山志》，兹不轉録。袁子讓曰：“息心所，高閣危懸，如九天臨九淵，人心至此，獨持半偈，萬緣皆息矣。雲中偶聞犬吠，近則一庵負險而居。有老僧持杖迎於門，蒼然古色，視其年如不下百歲，掃徑而坐。”[二]中州竇絅曰：“至息心所，視谷口白雲，則又汪洋浩瀚若大海波濤矣。”[三]

康熙時，息心荒廢。乾隆初，德輝禪師居之。師川北名家子也，中年爲僧，博覽梵典，與南舟、月正、實林、德岸等語機相契，有語録若干卷。明蜀巡撫廖大亨作《甄奥賦》，師爲之詳注，附語録後，惜乎其書散佚矣。今殿宇光緒時重建，奉銅佛一尊，千佛銅塔一座，不知年代。山門祀虎，未諳何意。山道有鬼門關、大小鵝嶺、仙女橋、石碑岡諸險，兩旁深谷，雲填霧塞，所幸修篁障蔽，可無驚懼。附近有古智禪師建萬松庵及地藏庵、慶雲庵故址。

石碑岡之碑，胡世安曰：“一碑屹然，字迹漫滅不可讀。”[四]予疑其刊聊城傅光宅所撰《峨山修改盤路記》也。其略曰：“有覺巖居士者，登此山，遂發弘願[五]。歲在壬寅，遇制府司馬王公、司禮太監丘公，皆乘夙願，莊嚴此山。始携資鳩工，遍幽深，窮高遠，而得其捷徑寬衍處修治之。起自伏虎寺而至涼風橋、解脱坡，次至華嚴寺前，建坊表之。至五十三步，次至中峰寺前，再建坊表之。三望坡建涼亭，爲憩息所。次至白水寺，繞弓背山後上頂，重修虎渡橋[六]。次至黑水寺，至麻子壩、蕨坪，建公館。上至雷洞坪，合舊路至八十四盤，至大歡喜。蓋自峨眉縣城至絶頂，俱無險峻艱難之苦，厥功偉矣！”其末曰：“居士姓王名禮，由中貴人受戒於達觀尊者，道名法經。時莊嚴金殿則妙峰師，重修白水

[一] 熊過：字叔仁，號南沙，富順人。嘉靖己丑（一五二九）進士，官至禮部祠祭司郎中。《明史·文苑三·陳束傳》有附傳。此人著述頗多，如《周易象旨决録》《春秋明志録》《南沙先生文集》等。

[二] 按，此文出《游大峨山記》，載蔣超《峨眉山志》卷九。

[三] 按，此文出《游峨眉山記》，載蔣超《峨眉山志》卷九。

[四] 按，此文出《登峨山道里紀》，載蔣超《峨眉山志》卷九。

[五] “弘”，原作“宏”，據蔣超《峨眉山志》卷九改。

[六] “渡”，原脱，據蔣超《峨眉山志》補。

寺則有台泉師[一]，居士皆從之聞法要，緣會信非偶云。是役也，工始於萬曆三十年壬寅秋[二]，竣於癸卯冬[三]，助緣善信皆勒名碑陰。”此碑載古之山道，故録大要焉。

觀心庵

范氏《山行紀》云：“點心坡，言峻甚，足膝點於胸云。”明時名頂心坡，坡盡稍平敞，有觀心亭，今坡名亦從亭名也。明空庵禪師建空安禪堂於亭右，即今之觀心庵也。胡世安曰：“亭右曲轉有妙觀庵，庵側有空庵禪堂，俱據高臨下，寥曠欲騫。”[四]龍眠江皋曰：“至觀心亭稍平，憩白衣庵。詢住僧[五]，知爲先大夫所建，曾捐俸置香火田，石碣猶巋然道傍也。”[六]明萬曆、天啓間，桐城進士江之湘知縣事，廉潔多惠政，升遣日，民立去思碑以志其德，其後祀於名宦祠[七]，蓋江皋之祖父也。

乾隆甲申春毁於回禄，洪湛禪師重修之。惟林卉幽荒，庵基陰濕，殿宇卑陋，僧徒窘迫。殿中有銅迦舍金剛一尊，背刊“四川永寧宣撫司正長官羅萬榮施鑄”。另銅質大佛三尊，并隆慶中物也。此外，萬曆乙未鐘、乾隆乙巳磬各一。而華嚴頂所陳銅質方形香爐重六十斤，實庵中法器也。門外俯矚龍門諸山，如在海底，飛霧流雲，瞬息變幻，朝暉夕照，山嵐秀麗。庵下山道有太子石、羅漢洞、山王廟等，説不雅馴，兹不贅云。

白水寺

萬年寺，傳爲晋時普賢寺，唐慧通禪師更名白水寺，宋時更名曰白水普賢寺，然晋、唐遺迹無一存者。即高僧如唐之孫真人、廣濬和尚、史懷一、白水和尚、澄照和尚、瑋禪師、仁禪師及五代如新禪師等，駐錫事迹亦不詳明，誠哉記録之不可無也！宋初，寺最隆盛，峨眉山提點

[一]“師”，原脱，據蔣超《峨眉山志》補。

[二]“三十”下，原誤衍“一”字，今删。按，萬曆壬寅乃萬曆三十年，即一六〇二年。

[三]“竣”下，原有“事”字，據蔣超《峨眉山志》删。

[四]按，此文出《登峨山道里紀》載蔣超《峨眉山志》卷九。

[五]“住”下，原衍“持”字，據蔣超《峨眉山志》卷九《游峨眉山記》删。

[六]“傍”，原作“旁”，據蔣超《峨眉山志》改。

[七]“宦”，原作“官”，據刊誤表改。

住寺中。范石湖《山行紀》云："謁普賢大士，國初敕成都所鑄，有太宗、真宗、仁宗三朝御製御書百餘卷[一]，七寶冠、金珠瓔珞、袈裟、金銀瓶鉢[二]、奩爐、匙筯、果壘[三]、銅鐘、鼓、鑼、磬[四]、蠟茶、塔、芝草之屬。又有崇寧中宮所賜錢幡及織成紅幡等物甚多[五]，内仁宗所賜紅羅紫綉袈裟[六]，上有御書《發願文》，曰：'佛法長興，法輪常轉。國泰民安，風雨順時。干戈永息，人民安樂，子孫昌盛。一切衆生，同登彼岸[七]。嘉祐七年十月十七日[八]，福寧殿御札記。'次至經藏，亦朝廷遣尚方工作寶藏也。正面爲樓閣，兩旁小樓夾之[九]。釘鉸皆以鍮石，極備奇靡，相傳純用京師端門之制。經書則造於成都[十]，用碧硾紙銷銀書之。卷首悉有銷金圖畫，各圖一卷之事。經簾織輪相[十一]、鈴杵器物及'天下太平''皇帝萬歲'等字於繁花縟葉之中，今不能見此等織文矣。"《志》稱太平興國五年寺僧茂真奉詔入朝，太宗賜詩美之，館於景德寺。舒王元珍以夢兆語真，真曰當有儲嗣，果育仁宗。既歸，重興峨山六寺。後遣張仁贊賚黄金三千兩，于成都鑄普賢大士像，高二丈六尺，至今供養。然則三朝御賜凡以大德茂真故也。

茂真之後，宗月禪師居之。宗月，谷隱静顯法嗣，黄龍晦南之孫，與晦堂祖心兄弟[十二]，然在寺事迹不可得而詳也。

[一]"真宗、仁宗"，原作"仁宗、真宗"，據蔣超《峨眉山志》卷九《峨眉山行紀》及范成大《吴船録》卷上改。

[二]"金銀"，原脱，據《峨眉山志》及《吴船録》補。

[三]"壘"，原作"罍"，據《峨眉山志》及《吴船録》改。按，"罍"指酒器，於此文義不合。

[四]"磬"，原作"磐"，形近而誤，據《峨眉山志》及《吴船録》改。

[五]"紅幡"，原作"紅幢"，據《峨眉山志》及《吴船録》改。◎"甚多"，原脱，據《峨眉山志》及《吴船録》補。

[六]"内"，原作"及"，據《峨眉山志》及《吴船録》改。

[七]"曰佛法長興，法輪常轉。國泰民安，風雨順時。干戈永息，人民安樂，子孫昌盛。一切衆生，同登彼岸"，原脱，或係劉君澤故意省略，但這樣省略之後，易讓人誤會《發願文》與福寧殿御札記是兩篇内容，而實際上"嘉祐七年十月十七日，福寧殿御札記"是《發願文》文末署款，故據《峨眉山志》及《吴船録》補《發願文》之内容。

[八]"十月十七日"，原脱，據《峨眉山志》及《吴船録》補。

[九]"夾之"，原作"便户"，據《峨眉山志》及《吴船録》改。

[十]"則"，原脱，據《峨眉山志》及《吴船録》補。

[十一]"簾"，原作"兼"，據《峨眉山志》及《吴船録》改。

[十二]按，此説本自蔣超《峨眉山志》卷四，但其説有誤。據《禪燈世譜》卷四，白水宗月的確爲谷隱静顯法嗣，爲黄龍慧南徒孫；谷隱静顯嗣自仰山行偉，仰山行偉與晦堂祖心爲兄弟輩。故此處稱白水宗月與晦堂祖心爲兄弟有誤。

厥後五百年爲嘉靖甲午，有别傳和尚者，構建伽藍曰佛牙殿，鑄銅佛大像三，銅鐘二，今并存毗盧殿。其弟子台泉、鎮滄，鎮滄弟子維峨、維静，相繼居之。台泉由中貴披剃，奏請重修萬年寺，傅光宅撰碑記，回禄滅之。曹學佺《海會堂募置飯僧田偈·序》曰："大峨山萬年寺碑文，予友聊城傅伯俊作也。序述此經費煩鉅，聖恩優渥，出内帑金錢無算。時惟中貴人料理，勿及子民。而其時當事地方，善於奉行，得以告成功者，則實仗大司禮丘公、少司馬王公之力也。"[一]

袁子讓曰："禪寺視山中諸道場爲獨大，中爲正殿，普賢丈六金身在焉[二]。前圍廊廡，後繞寢閣，山水雖奇出，實天地一大觀也。修於世廟時，旋復就毁。去年萬曆二十八年奉慈聖詔[三]，遣中貴二人鼎新一創之[四]，盡革其故。今年七月大工告成，上差中使立碑，御書題其額曰'聖壽萬年寺'，蓋聖天子爲慈聖祝禧之意[五]。一念純孝，非徒爲菩提也[六]。堂墀右有駐節公館以待游客，門外近左爲海會堂，乃兩中貴自建以習静者。"《志》稱寺内殿凡七層，一毗盧，一七佛，一天王，一金剛，一大佛，一磚砌旋螺，中用銅鑄普賢丈六金身騎象像，一接引殿，殿有明末代巡黄岡梧陽劉公捐造真武祠[七]。胡世安曰："寺甚敞，居僧常至數百。"[八]據此，則萬年寺之宏敞可見一斑，而台泉上人之功德不可没也。

清初，張德地捐俸重培，委洪雅尉陳國斌董其事。比丘紫芝、克誠、六義相繼卓錫。紫芝名性藏，渝城人，年十五祝髮，住寺三十餘年，九開禪祇，有語録行世。克誠，南部人，順治時明經。年四十祝髮於寺，與貫之最親。住山三十年，瓶鉢之外絶無長物。六義，邑人，恒誦《蓮花》七軸靈文，朝夕不爽。戒臘七十，而鶴質松姿，和藹可親，人服其德。余獨惜記載絶少，傳聞難信。高僧大德既難考覽，而廢興之迹更難詳明。今存毗盧殿、磚殿、接引殿，劃然三寺矣。《志》稱海會堂有丁雲

[一]"少"，原作"小"，形近而誤，據蔣超《峨眉山志》卷一二改。

[二]"丈"，原作"百"，據蔣超《峨眉山志》卷九《游大峨山記》及《峨眉山志》卷三"用銅鑄普賢丈六金身騎象像"改。

[三]按，此夾注爲劉君澤所加，袁子讓原文無。

[四]"一創"，原脱，據《峨眉山志》補。

[五]"聖天子"，原脱，據《峨眉山志》補。

[六]"一念純孝，非徒爲菩提也"，原脱，據《峨眉山志》補。

[七]按，所謂《志》，指蔣超《峨眉山志》，見其書卷三。

[八]按，此文出《登峨山道里紀》，載蔣超《峨眉山志》卷九。

鵬畫歷代祖師像八十八軸，王僧芥有《海會堂八十八祖真像總贊》，明神宗敕書[一]。與附近净業堂、菩薩閣、慈聖庵、無窮禪師建白衣庵、喜光堂等，并三經回禄，蕩然無存。更無論趙宋時御賜寶供、經卷、袈裟也。

毗盧殿，十方叢林也。地勢高顯，殿宇崇宏，樓閣爽明，廊廡修潔，翠嶂烟巒，高林短竹，炎夏之際最宜避暑。殿外石碑刊"第一山"三字，米襄陽書，樂山增生謝文明拓自江陽，翻刊於此。殿後爲旋螺磚殿，胡世安曰："宋初敕建銅殿、大士銅像，亦高十餘丈。萬曆間，奉慈詔新建萬年寺普賢一殿，螺結磚甃，頗稱堅固。乘象金身峨然丈六，祝融稍戢其焰。惟其時寄木穴頂，導霖直注大士髻中。頃僧建閣四層，高幬其上。"據胡氏之言，則覆幬大士銅像之殿初爲銅，萬曆時易爲磚，清初乃幬殿以高閣。磚殿龕内上三層供三千小銅佛，下三層供五百羅漢。殿中普賢乘象銅像高一丈，長一丈五尺，象鼻長六尺。腹中空洞，象背立大士丈六金身。

光緒十三年，黄綬芙字沛翹，署成、綿、龍、茂道修建石欄[二]，禁居士以錢磨象足。磚殿建築頗類西式磚屋，然明時有此，所以可貴，洵峨山鉅製也。自明時傳下佛牙，重十三斤，仍存殿中，蓋化石而似牙腭耳。高樓建龕奉陳國母像，重其護法也。殿後有明月池，逾池爲接引殿，今稱新殿。苔痕上階，室宇朽敗，存舍利子、貝葉經等，雖曾目睹，然舍利子之真贋余不能辨也。丙戌正月九日，磚殿、毗盧殿火灾，兹篇所記，後人又不及見也。

附：極樂寺

宋時菩薩閣，當道榜曰"天下大峨山"。明富好禮云："過風雷雲雨四會亭，由大峨樓經'南戒名宗'坊至白水寺，則大峨之麓也。"[三]亭、閣、樓、坊均在極樂寺附近，今惟樓獨存。或曰寺即古四會亭也。袁子讓曰："四會亭，取四面游客於此會宿之義。"[四]明人游記，自白龍祠上

[一] 按，關於丁雲鵬畫像之記載，見蔣超《峨眉山志》卷三、卷八，而王僧芥所作之文見同書卷一二。

[二] "綿"，原作"棉"，據刊誤表改。

[三] 按，此文出《游峨眉山記》，載《古今游名山記》卷一五。

[四] 按，此文出《游大峨山記》，載蔣超《峨眉山志》卷九。

山，經普同塔，次四會亭，次大峨樓，次“南戒名宗”坊，乃上白水寺。與《志書·山道》不符，難詳其遷變也。《志》稱大峨樓傳魯班所造，元朝重修，明末毁於兵火，清總督蔡毓榮捐俸鼎新[一]。危樓跨道，形如城闕。江皋云：“丹楹飛棟，聳出層霄。”[二]其奉祀靈官，改名靈官樓，當在康熙時也。

亭中接引銅佛高丈許，亦稱宋初所鑄，今奉寺中。亭柱有劉東阜題“昆侖伯仲地[三]，震旦第一山”聯語，久已無存。亭前普同塔[四]，塔院數十，别傳和尚塔在焉，今已荒廢。米元章書“第一山”碑，有亭覆之，亭廢而碑移毗盧殿矣。寺宇不廣，然登覽名山者必經四會亭。或曰亭係白水寺山門，予以爲此峨眉山山門也，靈官護法護諸山佛法也。所惜莊嚴名山、招引游人者，如閣，如榜，如坊，如塔，如亭，如碑，如樓，如聯語，有爲易壞，大都圮滅。獨林木峰巒，鬱鬱青青，依舊名山本色也。

黑水寺

傳唐時朝山自縣城西門經西坡、石佛、玉屏、白水四寺，轉黑水寺，又經白雲、朱雲、金鳳三庵，再登弓背山之玉皇觀至大乘寺，以造於極頂，然古道難稽也。黑水寺者，古之對月峰，向稱峨眉祖堂，蓋唐時兹山名寺也。何時始創，何人開山，方志無考。唐慧通禪師者，江陵人，洛浦元安法嗣[五]。唐僖宗時游峨眉，望山峰奇異，有古肇公道場，欲往履之，溪水泛漲。偶感一虎至，即騎虎跳渡，故名虎渡橋。厥後道聞朝廷[六]，重興六寺。以山象火，遂改三雲二水白水、黑水、集雲、歸雲、卧雲厭抑

[一] 按，相關記載見蔣超《峨眉山志》卷二《附山道》。

[二] 按，此文出《游峨眉山記》，載蔣超《峨眉山志》卷九。

[三]“東”，原作“公”，據蔣超《峨眉山志》卷八改。按，《升庵集》卷七六“峨眉山”條云：“余書峨眉山寺簡板，曰‘奇勝冠三蜀，震旦第一山’。劉東阜云：‘不如以王右軍“昆侖伯仲地”易“奇勝冠三蜀”。’”又據《升庵集》卷三七《過駐節橋讀東阜劉遠夫公碑文愴然有感》，可推知劉遠夫字東阜。

[四]“普同”下，原有一墨丁，不可辨識，當係衍文而涂去者，今删。據蔣超《峨眉山志》卷三“普同塔，有二：一在伏虎寺逝多林，有澄江大師藏骨；一在四會亭”，知“普同塔”爲一詞，“普同”與“塔”之間不當衍其他文字。

[五] 洛浦元安：即澧州樂普山元安禪師，俗姓淡，夾山善會之徒，陝西鳳翔人，傳見《景德傳燈録》卷一六。

[六]“道”，原作“通”，據蔣超《峨眉山志》卷四此僧小傳改。

火星，迄今全身供黑水祖堂。或據此以爲肇公所開建。慧通之妹慧續從兄闡化，所居曰尼院，有烏鴉報曉、二虎巡更之異。餘如黑水和尚、洞溪和尚、承璟禪師、義欽禪師、宋之慧真廣悟禪師、曇振禪師[一]，皆嘗卓錫此間，宏揚佛法。惜乎紀載不詳，無由考覽。

胡世安《道里紀》云："自白水逆左行，至石板凳。二里爲虎渡橋，駛流迅瀨，小竊雙溪[二]。自橋徑曲十二盤，至八音池，一名樂池。池中有蛙，游人鼓掌，則一蛙先鳴，群蛙次第相和。將終則一蛙大鳴，群蛙頓止，宛然一部鼓吹。過池又西則黑水寺，前對月峰祖師堂，有惠通肉身及所遺藕絲無縫禪衣一領、古白玉環一枚。又有惠續尼院[三]，尼即惠通禪師妹，從兄來峨，入定於此。遇夜[四]，有黑虎爲之巡廊。寺傍巖龕，有無懷洞。"無懷道人隱所，内多唐人題詠。昔賢所記，大略如斯。

民國甲申七月四日，余瞻仰古寺，徘徊殿下。梵宇毁矣，闃其無人。更歷數年，清代重建者將不復存在也。凡《志》稱祖師堂、慧通肉身、慧續尼院與其入定處及范石湖所嘗投宿之東閣[五]，既了無遺迹；而唐時敕建永明華藏寺、敕賜藕絲無縫禪衣、白玉環、供器等，更滄桑無存。況又八音池荒，無懷洞塞，鷄公石廢，十二盤平，化鷹之臺徒存頑石，白袍古殿惟留白果。手志訪古，我慨滄桑，七賢詩碑更難仿佛也。

净水寺距萬年寺三里，咸、同間重建。今復興鄉建鄉校於寺，鑿巖平地，廣闢球場。青山環臨，峰巒肅穆，昔高人習静者，今則弦誦不輟也。

金龍寺

《圖説》云："班簩紛披，猿鳥相逐，刹竿隱隱出青靄間者爲金龍寺。"[六]

[一] 按，所稱諸僧，事迹皆見蔣超《峨眉山志》卷四。

[二]"竊"，原作"異"，據蔣超《峨眉山志》卷九改。

[三] 此句及下一句之"惠"字，原皆作"慧"，據蔣超《峨眉山志》卷九《登峨山道里紀》改。按，此兄妹二人之名，有作"慧通""惠通""慧續""惠續"者，即使在蔣超《峨眉山志》中也存在多種寫法，甚至有説二人爲晋人，也有説二人爲唐人者，難以詳考。本書皆以引文來源爲據。

[四]"遇"，原作"入"，據《峨眉山志》改。

[五]"院"，原作"陀"，據刊誤表改。

[六] 按，此文出《峨山圖志》卷一。

傳舊址在今寺門坎下山中，僧人輒稱其寺自漢開建。究之古寺，如光相寺、木皮殿、靈巖寺、黑水寺、白水寺、牛心寺、中峰寺、華嚴寺、慈福院、蟠龍寺、飛來殿、西坡寺等，最早者開建於晋，餘則或在隋初，或在唐、宋。至若魏、晋以前，則皇人道觀布滿名山，顧王精舍難與分席也。寺僧亦謂寺開建於漢，茶次偶談，姑妄聽之。

自黄灣經龍門洞，過寺門，登白水寺，長途沿溪荒卉夾道。古樹翠竹，老林森森，秀嶂天成，奇峰特峙，澗谷清趣，亦足怡神。而金龍小寺門臨古道，林木鬱然，不及山門不見殿宇也。

白龍寺

慧宗禪師，楚之雲夢人。嘉靖甲午游峨眉，睹普賢瑞像圓明殊勝，因敬生悟，遂發宏願，結緣飯僧，節圖興葺。凡建樓闢路，飾新舊宇，及募鑄銅佛、銅鐘、銅像、銅瓦之屬，至於今猶稱至寶。隆慶元年丁卯，手植松、柏、杉、楠，種樹一株，誦《法華經》一字，按字計株，共六萬九千七百七十七株，延袤二里。其後枝葉扶疏，蓊鬱成林，號爲神樹。王士性云："白龍洞兩翼樹楠千本，空翠欲滴。"[一]胡世安云："由牛心寺越雙飛橋，北遵磴道而上爲白巖，石色皓潔，刻有'白龍洞'字，不知洞所。又前，一望濃翠蔽嶺，别傳和尚手植楠也，株與《法華經》字數相等，今號'古德林'，樵蘇不敢輕犯。"[二]明直指馬公如蛟賦詩於石，曰："鬱葱佳樹拂慈雲，幻出槎丫避斧斤。老衲得知山是佛，令人同譯《法華》文。"[三]清初，可聞禪師有《古德林賦》，文載《山志》。惜乎古洞刻字今不識其處，白龍洞殿宇亦不審建自何時。

康熙時，僧祖元居之，清聖祖御賜《金剛經》一部，字幅二句云："挂衲雲林静，翻經石榻凉。"歷三百年，今無存者。袁子讓曰："傳昔妖龍爲祟，神僧制之於此。"袁氏固好言怪也。胡世安又云："再進象牙坡，

[一] 按，出文出《游峨眉山記》，載蔣超《峨眉山志》卷九。

[二] 按，此文出《登峨山道里紀》，載蔣超《峨眉山志》卷九。

[三] 按，此詩載蔣超《峨眉山志》卷一五，題作《古德林》。

以山石形得名。小庵二所，俗呼上白龍洞、下白龍洞，皆白水寺下院。”《山志》云：“上洞淹没，下洞今填築爲庵。”[一]今以金龍、白龍别之。下洞梵宇幽静，廊廡寬敞，林木陰森，緑雲密布。康熙時，殿工采辦楠木，對古德林特旨免伐。乃《圖説》云：“今存十餘株。”[二]不審何時伐去？今又六十年矣，明植古楠頗不易見，寺僧妄以茂林雜樹當之，林木無言，聽人稱謂而已。

附：龍門洞

峽泉之勝，首推龍門洞，然向無殿刹。民國己卯，卧雲庵僧傍巖建舍，製峨眉茶，游人亦可憩足。范石湖云：“澗溪自兩山石門中涌出，是爲龍門峽也。以一葉舟棹入石門[三]，兩岸千丈巖壁，色如碧玉，刻削光潤。入峽十餘丈[四]，有兩瀑布各出一巖頂，相對飛下。嵌根有盤石承之，激爲飛雨，濺沫滿峽[五]，舟過其前，衣皆沾濕。又數丈[六]，半巖有圓龕，去水可二丈。以木梯升之，即龍洞也。峽中紺碧無底，石寒水清，非復人世。舟行數十步，石壁益峻，水益湍，亟回棹[七]。舟人云前去更奇，以雨大作加飛瀑沾濡，暑肌起粟[八]，骨驚神慄，凛乎其不可以久留也。昔嘗聞峨眉雙溪不減廬山三峽，前日過之，真奇觀[九]。及至龍門，則雙溪又在下風。蓋天下峽泉之勝，當以龍門爲第一！”

井研胡世安云：“游人立洞口，萬壑千巖，競來邀盼。入尺許，另透天光一片。洞深廿尺有餘，氣象軒朗，穹蓋百千，鍾乳瓔垂。左壁雙

[一] 按，此文見蔣超《峨眉山志》卷二“白龍洞”條。

[二] 按，此文出《峨山圖志》卷一。

[三]“棹”，原作“掉”，雖可用作“棹”字，但有本可據，仍依蔣超《峨眉山志》卷九及《吴船録》改之。後之“回掉”徑改爲“回棹”，不再出校。

[四]“十”，原作“千”，據《峨眉山志》《吴船録》改。

[五]“滿”，原無，據《峨眉山志》《吴船録》補。

[六]“又”，與《吴船録》同，《峨眉山志》作“越”。

[七]“亟”，與《吴船録》同，《峨眉山志》作“急”。

[八]“粟”，原作“栗”，形近而誤，據《峨眉山志》《吴船録》改。

[九]“觀”，與《峨眉山志》同，《吴船録》作“絶”。

鈎‘龍門’字，舊傳富春孫公筆[一]，今云東坡。石凸凹作鱗爪，名以龍床、龍枕，游人坐卧其中，仰眺烟織，俯臨澄潭，不復知去塵闤近遠。賓巒垂練，偉於峽瀑。下有種玉溪，題詠亦不減無懷洞。”舊時記龍門洞如此。

余嘗觀龍門之魚，賞龍門之瀑，倚危巖，覽幽壑之深秀，獨未能訪古洞之詞翰也。龍門洞匯澗成溪，下流曰符文水，唐、宋時之符溪也。沿溪砌堰，引灌田畝。清室每有天旱，則安龍洞中以祈甘霖，今其事廢矣，然農民猶津津道之。元劉静修有《告峨山龍湫文》[二]，辭似莊而實謔也，可移刊洞口。附近鐵綆懸橋，嘉慶間張誠齋募建。寬五六尺，長三十餘丈。橋體虛懸，下臨深澗，人行其間，左右震蕩，赴洪雅高廟場所必經也。

新開寺

新開寺，明萬曆三年九老洞僧大用所建。清康熙初年，大坪松月禪師之徒有舒然道深者，分燈於此。昔人稱大松古致，酷似獰龍；雙桂無皮，偏饒生趣。又有滴水巖、尖峰嶺、木魚坡諸勝，惟僻在伏虎寺山後十有五里，游屐罕至，記載脱漏。況又屢經回禄，修葺頻仍，古之廟宇今不復見矣。然山高千五百公尺，東望無礙。遠則九頂、凌雲、青衣、大渡，近則十里覆蓬、符溪、羅目，江山如畫，浩蕩萬里，蓋遠眺絶勝之地也。

光緒初年，西人寓蜀者恒避暑於大峨寺，僧厭煩擾，拒其租傭。厥

[一] 富春孫公：此人名字不詳。今人駱坤琪在《峨眉山“龍門”二字考辨記》中記録了他在題字旁找到的題跋一則，云：“山水之勝必因人而重，峴首以羊叔子而重，蘭亭以王逸少而重。大峨雖號勝峰第一，向非李謫仙聲於詩歌，亦不過如是而止耳。龍門景趣，隱於幽深窮僻中，疑太白足迹之所不至，其名不得與大峨俱。孫富春公來守漢嘉，搜奇幽討，閱二年而得之，親撒龍門二大字，鑱於懸巖峭壁間，筆勢遒勁，蜿蜒欲飛，與龍俱騰而上者。自今以往，不獨龍門之名重而益加神，民益加信，可勝記哉！乾道庚寅年（一一七〇）重九日，嘉州峨眉縣勸農公事兼兵馬監押何紀緋。”則所謂富春孫公，乃嘉州知州，南宋孝宗乾道年間在任。又，駱氏之文載《樂山史志資料》一九八七至一九八八年總第五至十二期合刊本。

[二] 按，此文載劉因《静修集》卷一二。劉因，字夢吉，容城人。至元十九年（一二八二），用薦爲右贊善大夫，教宫學近侍子弟。未幾，辭歸。後復以集賢學士徵，固辭不就，卒年四十有五。事迹詳《元史》本傳。

後移居斯寺，山坡、峰頂、林下、澗中，疏落建屋，約數十間。餘如公共浴室、大禮拜堂、籃網球場、中國銀行暑期辦事處及二等郵局、醫院、消費合作販賣部等，凡所以供應者皆備。每年西人來峨眉者不下數百，寺在其間，特肩輿力夫之逆旅而已。西人之初來也[一]，與僧訂約，租地亦有爲期九十九年之説。守屋雇役，僧代辦焉。而租地年金每屋數元，經數十年永無增益，獨怪租佃之事同乎永占！今西人方且以其租權輾轉讓人也。

寺附近有羅漢寺，傳初建時梵僧赴齋，齋畢不見。有佛到寺，傳開山日得石佛也。或曰“佛”應爲“弗”，言孤峰絶壁，鳥道紆縈，人迹所弗易到也[二]。

彌陀寺

彌陀寺，明宣德間建，成化己亥重修。當時建構雄偉壯麗，雖往日殿基今生禾黍，而豐碑頽垣猶存仿佛。成化碑文，明僉都御史張景賢撰，露立田中，風雨剥蝕，不可盡讀。碑末列儒學教諭張鳳翔、文林郎王鳴鳳、嘉定州奉議大夫高登、致政文林郎尹宗吉、致政迪功郎夏時臣等，明末殿毁。

康熙庚寅，樂山廩生童懋誠重修。乾隆癸酉，喻宏義捐資修葺。喻宏義者，康熙丁酉舉人，甘肅階州、陝西成縣知縣也。同治初年，僧會司能受居之，又加修葺，然不及前明之十一也。寺踞邱頂，殿基廣大。羅目江自九里場來，經右麓而曲抱之。登邱西顧，則巍巍大峨高摩霄漢；南則覆蓬諸峰隔江照臨；北則小邱如環，茂林鬱鬱；東則秀峰當門。所謂穿山堰者，阻引江水，經邱左麓潛流於山中者也。堰之穿山，不審鑿自何年？伊誰之功，亦無可考也。山麓臨江，明時寺僧鑿巖成室，室壁鑿佛大小百餘尊，有龕、床、几、凳之屬。明、清之際，石室荒蕪，二百餘年無知石佛者。民國初年，巖崩佛現，人謂之仙洞云。

仙洞對河平疇千頃，曰鐘乳水，坦平如掌，厥田上上。扎冷水河，

[一]“人之”，原誤倒，據刊誤表乙正。

[二] 按，蔣超《峨眉山志》卷二此寺名“不到寺”，亦見同書卷九袁子讓《游大峨山記》。

堰流常溢，雖有旱魃，無虞飢饉。大佛殿、鹿子壩兩處，稻田均不逮也。沃野平疇，半屬樂山。曠塍無樹，一望茫茫，野鴨閑鷗，常集斯土。鐘乳水右傍覆蓬之麓，曰茶田岡，蓋古藝茶地也。清初闢爲稻田，亦稱沃土，惟水量不足耳。逾岡爲大渡河北岸之酆都廟，明時屬峨眉，清初明將楊展劃屬嘉定州者也。

伽藍寺

伽藍寺在白羊岡，明時創修，康熙末年漸就頽敗。大佛殿僧廣見，號志遠，卓錫其間，歷十餘載。乾隆庚午，裝修告成，其碑文則鄖陽府房縣知縣張弘昳所撰也[一]。廣見鑄鐘，傅一柱撰引，云“今邑志有伽藍古刹，地爲羊鎮、波羅，縣城屏翰於前，二峨枕帶於後”云云。清末寺廢，今則殿生荆棘，墻縈野卉，樵蘇不禁，僧道裹足矣。羅目江之未改道也，下白羊岡、渡飛龍橋即羊鎮廢場，傳爲唐、宋時縣治。而綏山、羅目，疑莫能定。傳周之葛由騎羊入蜀，遁於綏山，往來此地，故名羊鎮場。上有覲峨寺，康熙間建，今甚荒蕪。戲樓懸“幻中情”三字，節婦阮彭氏所書也。

《讀史方輿紀要》“綏山廢縣”條下云：“縣西四十里，劉昫曰本名榮樂城，隋招致生獠，置縣於此，因山爲名也。唐屬嘉州，宋乾德四年省入峨眉縣。”《四川通志》云：“綏山廢縣在縣東四十里，隋置。《元和志》：縣東南至嘉州四十里，本漢南安縣地，隋大業十一年招慰生羌置縣，因山爲名。小峨眉山在縣南五里，宋乾德五年省爲鎮，入峨眉。”[二]又云：“樂都廢縣在縣東。《新唐志》：久視元年，析綏山置樂都縣，尋省。”縣舊《志》云：“即隋眉山縣，在縣東三十五里。本綏山鎮，以近綏山故也。大業中，招慰生羌，於此置眉山縣。唐改綏山縣，宋乾德五年復省

[一]“弘”，原作“宏”，據乾隆《峨眉縣志》卷首修志名銜改。後文此人之名統改。按，張氏字日升，號如翁，峨眉縣人。嘉慶《峨眉縣志》卷一〇稱其與彭岱、喻宏義於康熙丁酉（一七一七）舉於鄉。嘉慶《峨眉縣志》卷九有其學生王國祚所撰《房縣知縣張如翁先生傳》，可參看。

[二]按，此處所引《四川通志》，雖未明言版本，經過比對，乃雍正《四川通志》，見其書卷二七；嘉慶《四川通志》卷五四有相關記載，但與此有不吻合處。

爲鎮。”[一]

按，據三書記載，古綏山縣治舊址即今羊鎮。故《鐘引》亦云“縣城屏翰於前”也。九里場白衣庵，祀城隍神，亦傳廢縣社神也。惜隋置峨眉城治今不可知，故方向、里數與今不符。惟因山爲名、小峨眉山在縣綏山南五里之説猶足徵也。

慈雲寺

慈雲寺大雄殿，康熙辛卯建；東岳殿，雍正癸卯建；十王殿，咸豐丙辰建。磚坊、山門，修塑工細。初曰觀音堂，傳開建時掘地得石，肖觀音也。寺右月兒塘，新津進士童宗顔祖宅在焉[二]。光緒乙巳，寺設學校。民國初年，叔父慶雲公與徐谷園師教授其中，余與君照從學焉。家祠、祖塋近在寺下，曾祖朝瑞公、王考廷魁公、先妣汪孺人墓均在祠外。

祠鄰茅店，曰泉水塘，自樂山入峨邊必經此地，今樂西路成而古道人稀也。塘中清泉，峨眉有其源，樂山受其澤，灌田千畝，近年泉源枯减矣。附近劉、杜、童、何、肖、鄧諸姓居之，耕織爲生，長厚純樸，有古風焉。寺後行司廟，有洪武五年及正德己卯碑，稱元泰定丁卯建岱岳行祠。適逢至正丁酉紅巾擾亂，片瓦無遺。明洪武壬子，羽士趙惠新重修。正德戊寅，僧宗然培葺。今東岳殿，崇禎中重建，銅佛三尊，宋嘉定四年鑄。故老傳稱銅佛自樂山秦關房移入行祠。古三月廿四日，男女雲集，曰燒香會，今猶未廢也。廟左一里，岳丈童公其靖墓在焉。

寺前十里有玉皇觀，康熙戊子創建，元旦游人甚衆。傳康熙時嘗見彩雲密布，玉樂鳴霄，洪聲遠震，有如鐘然，故號鳴鐘山。乾隆碑稱汪鵬施基，王國祚施金，添建三清殿。王國祚字綏山[三]，張宏昳之門生，

[一] 按，此條引文見同治《嘉定府志》卷五《古迹·峨眉縣》之“唐綏山廢縣”條。稱所謂“縣舊《志》”者，不妥。

[二] 童宗顔：道光《新津縣志》卷三二小傳云：“童宗顔，嘉慶十四年（一八〇九）己巳科洪瑩榜。由内閣中書升内閣侍讀，轉陝西道監察御史，現任福建漳州府知府。”

[三] 按，此處稱王國祚字綏山，不知何據。嘉慶《峨眉縣志》卷六稱其爲康熙庚子（一七二〇）科舉人，雍正庚戌（一七三〇）科進士。同書卷七小傳稱其字茂勛，號守中，由知縣累任都匀府知府。

雍正庚戌進士，雲南元江府右堂。幼年讀書觀中，頗有軼事，鄉人口傳焉。觀下五里爲南天廟場，場下二里曰簡山壩，高祖國朝公墓在焉。

靈巖寺

明成化元年，眉州萬安撰《會福寺碑》文稱所見古碑云："距峨眉縣西一舍許，有山曰大峨眉山。山畔有睹佛臺，臺右有寺曰靈巖，傳自隋、唐間創建。宋紹興五年，太尉王陵，朝請大夫、知漢州軍事王陟[一]，施資重修，改曰光林。朝奉大夫、通判軍事王訪，贖田以贍寺用。其界東至魚洞山背，南至卷洞溪，西至鏵板山坡，北過石佛龕嶺，中連響水灘，下抵高橋河口。"

又稱："元季，寺毁於兵，國朝洪武、永樂間，僧弘義、圓通相繼主寺[二]，重建之，仍曰靈巖。時佛宇方丈，僅存香火，庇風雨而已。其田半爲居民所侵。景泰間，了貴號寶峰者來主事，辛勤勸募，始建三世佛殿。殿前爲明玉樓，殿東爲伽藍堂，西爲祖師堂。凡禪堂、齋堂、僧房、庖庫及賓客之位，咸以次成，而田至是悉歸寺矣。寺之興盛，殆非昔比。寶峰每顧其徒曰：'我佛教言悉具藏經，不丐於朝，曷以得觀？'天順五年[三]，詣闕以請之，復荷璽書護持。越四年，爲成化元年[四]，寶峰來疏曰：'聖朝於天下名山古刹俱有錫額。竊惟大峨眉名山，靈巖古刹，幸一體賜予。'上念英宗睿皇帝嘗寵賚兹寺，遂更名會福。"

正德六年，夾江宿進撰記，又曰："先是，隋稱寶掌，濫觴是寺。寶掌和尚，中印度人，周威烈王十二年生。唐高宗顯慶二年卒，壽一千七十二年[五]。魏、晋間東游此

[一] 按，此王陟，乃紹興十六年（一一四六）七月丙子因太府少卿、總領四川宣撫司錢糧趙不棄之請而被罷免之利州路轉運判官，見《建炎以來繫年要録》卷一五五，非《宋史·喬維岳傳》所附之王陟。彼王陟者，北宋時人，卒於真宗咸平六年（一〇〇三）。

[二]"圓通"，原作"圓道"，據蔣超《峨眉山志》卷九《敕賜會福寺碑文》改。

[三]"五年"，原作"辛巳"，據《峨眉山志》改。

[四]"元年"下，原有"乙酉"，據《峨眉山志》删。按，此處兩段皆直引原文，實無必要在紀年上更動文字。

[五]"二"，原作"一"，據蔣超《峨眉山志》卷四此僧小傳改。按，《峨眉山志》卷九《重修會福寺記》無此夾注。

土，入蜀禮普賢。其在中國歷四百餘歲。第傳之弘義[一]、圓通、了貴，傳之本興、本印。本興寂，本印領祠部牒，再嗣之，搴禪杖而斠定水者四十年。適念寺久傾圮[二]，衲粗蔬澹[三]，不逾闔以自礪。復田若干畝，捐資銓度，鳩工庀材，建天王、地藏殿，修敕賜經閣、大雄寶殿、伽藍、祖堂[四]、庖廥[五]、方丈若干楹。後殿貌諸佛像，又募緇流本欽、益崇、福容、淳泰、真裕等，爲法堂、石橋各二，穹墉嶢榭，聯輝竟爽。經始於弘治癸亥八月，訖工於正德辛未二月。”[六]據二碑記載，則靈巖寺始末盛况可見一斑[七]。乃《圖説》云：“寺宇四十八重，僧衆千計。”[八]未免侈言。况乎隋寶掌和尚之結廬，唐靈龕和尚之卓錫，宋徽禪師、慧遠禪師之静居，當時事迹已莫能詳。而明英宗御賜藏經[九]，又徒讀敕命。瞻仰古寺，慨喟以之。嘉靖初年，嘉州七賢唱和於寺，安公石、程啓充、彭汝實、張鳳翖、徐文華、王宣諸賢詩碑與正德御書曇花碑，今猶并存也。

甲申之役，獻賊設僞官胡鑾知縣事，峨邊平夷三堡土兵帥歸化十里及峨山附近居民抗之，與僞總兵歐陽柄戰，敗北竄走。乙酉四月，土兵再出，與賊戰於老寶樓。丙戌春，獻賊大發兵來，土兵又竄退[十]。歸化寺在道旁，兵火蹂躪，殿宇無存。今之巍峨壯觀者，并康熙時重建。基園寬廣，峨山諸寺罕與比倫。余嘗徘徊殿堂，窺察往昔豐碑大礎、石級高坊，猶可識明時偉迹。峨眉高峰，俯臨殿闕，叠叠青翠，秀麗莊嚴，邱陵擁衛，山溪龍蟠，喬木千章，森森環列。我選勝地，首數靈巖也。山門爲接引殿，奉接引佛，石身丈六，偉殿覆幬，今甚頹敗。殿外明正德碑，亦剥蝕難讀矣。

[一]“第”，原作“弟”，據《峨眉山志》改。

[二]“久”，原脱，據《峨眉山志》補。

[三]“澹”，原作“淡”，雖文義可通，仍據《峨眉山志》改。

[四]“祖”，原作“竺”，據《峨眉山志》改。

[五]“廥”，原誤從“疒”旁，據《峨眉山志》改。

[六]“二月”下，原有“落成”二字，乃截取引文不當而衍，據《峨眉山志》删。

[七]“末”，原作“未”，形近而誤，據文義改。

[八]按，此説見《峨山圖志》卷二。

[九]“英”，原作“景”，據蔣超《峨眉山志》卷七，天順四年（一四六〇）有賜靈巖寺藏經之事，故改之。天順乃明英宗年號，明代無“景宗”。

[十]按，此處所載土兵抗戰之事，見乾隆《峨眉縣志》卷一二及嘉慶《峨眉縣志》卷九之《邑志紀聞附考跋》。

西禪寺

唐西禪和尚，本州人。昔參曹山，曰：“佛是摩耶降，未審和尚那家子？”山曰：“石頭漂在水裏。”曰：“三十六路，阿那一路最妙？”山曰：“不出第一手。”[一]曰：“忽被出頭時如何？”山曰：“脊著地也不難。”[二]其在峨眉，又問昌福達和尚曰[三]：“佛是摩耶降，未審和尚是誰家子？”師曰：“水上卓紅旗。”[四]問：“如何是密室中人？”師曰：“非男女相。”問：“國内按劍者誰？”師曰：“昌福。”曰：“忽遇尊貴時如何？”師曰：“不遺。”[五]《山志》記西禪和尚如此。其記西禪寺也，則曰：“在縣西南十五里羅目街上，寺以僧名，與醫王、白鵲同時。”[六]今寺址在青龍鎮上，荒廢以來，門壁俱無矣。

青龍場，相傳隋置峨眉城治也。逾一百六十六年爲唐乾元元年，獠叛，乃移就峨眉觀東，唐時改綏山鎮爲綏山縣，如意元年又移置羅目縣[七]，三縣城治相距甚近。今城治是也。惟千二百年之中，記載闕略，莫明舊狀。自宋乾德四年省綏山縣爲鎮，今呼羊鎮，羊鎮廢而興九里場。太平興國時，省羅目縣爲鎮，羅目鎮廢而興青龍場。惟場址遷移，名又更改，今亦不詳其原委也[八]。邑所轄場，以青龍、九里爲最早。其餘龍池設於宣德，雙福、冠峨設於成化，高橋設於嘉靖，燕岡設於萬曆，沙溪、龍門、南天廟設於康熙，普興、太和、梯子巖設於雍正，復興設於乾隆，大爲設於嘉慶。道、咸之間，高橋、梯子巖二場停廢，今共十三場。此外黄茅岡、楊村鋪、中和場、堯場等，其在康、乾之間，蓋彭橋早集、趙祠秤杆市之類也。

中興殿，明之中山堂也，宣德時如中上人建。成化時香爐，石質堅細，鏤刻精工。清初重建，今已頹廢矣。明時綏山有中山堂、二峨頂、龍泉觀、法華寺、大隱寺、本尊堂、三藏堂等七寺，今并廢墜無迹。況

[一]“第”，原作“弟”，據蔣超《峨眉山志》卷四此僧小傳改。
[二]“地”，原脱，據《峨眉山志》補。
[三]“達”下，原有“道”字，據《峨眉山志》及《五燈會元》卷八、《景德傳燈録》卷二三删。
[四]“卓紅旗”，原無，據《峨眉山志》及《景德傳燈録》卷二〇補。
[五]“遺”，原作“貴”，據《峨眉山志》及《蜀中廣記》卷八五、《景德傳燈録》卷二六等改。
[六]按，此文出蔣超《峨眉山志》卷二。
[七]“移”，原缺，據刊誤表補。
[八]“委”，原作“尾”，音同而誤，據文義改。

又葛由洞塞，洗月池荒，丹經無存，玉蟾迹杳，惟紫芝洞香火不絶也。

大覺寺

大覺寺，明天順七年癸未重建。今殿宇崇宏，則康、乾時所重建也。墻垣頹敗，林木衰落，比丘尼居之，勤掃除，苦耕作，無力修復也。殿後水梨一株，世稱拱桐是也[一]。高十餘丈，徑六七尺，中心空朽。民國初年，牧童引火焚之。樹下，外王考汪公萬靈墓在焉。寺前有正覺寺，明時東岳殿也。康、乾間修後殿，曰八仙樓，俗稱八廟子。殿宇宏麗，樓廊軒爽。荔枝二株，枝長葉茂[二]。寺下泥漕十畝，泉流涓涓，引灌田畝。石匣下堰，水量益足也。

醫王寺，康熙十年重修。同治五年，奉純陽者設壇於此，大興土木，鉅費千金。樓廊門壁，髹漆精美。戲樓之下，竪萬曆甲申碑，記重修羅目鎮剸街廟事。羅目鎮在寺南里許，古羅目縣治也。唐麟德二年招慰生獠，初置羅目縣，距今縣一百八十三里，在今峨邊之沙坪。如意元年，移置此地。宋乾德四年省爲鎮，入峨眉，今爲聚落，俗呼羅目街。廟中同治四年碑有云："其間叢林寶塔，廢作圻墟；大榭高臺，化爲灰燼。"有大司徒高光碑記，其地碑石、古器間一出焉。父老嘗曰某宅古街基也，某地古城隍廟也云云。街下有明贈大司徒松岡高光故里碑，碑旁有石，刊"紫芝洞"三字，旁注"一山五口道人書"，字迹秀勁。《志》稱"紫芝洞"三字，明弘治間學使王敕經其地，知有異物，掘地得之。

紫芝洞，在羅目江南岸綏山之麓，俗稱猪肝洞。舊有僧名道林，駐錫建寺。或曰建寺曰道林，惟不詳何時。明洪武中，吕祖入蜀。成化中，游綏山，見紫芝，虬書"紫芝洞"三字。萬曆末年，順慶府僧性海號自然，同赫觀察來游[三]，始見仙迹。因訪道林舊址，建紫芝庵，塑千手大悲一尊，火風害稼，其灾永息。清朝修葺，自麓至頂，計六七殿，并祀道祖。洞處巖脚，有泉，懸石如肝，名曰猪肝。其滴鹽滴米之説，與《東

[一] 拱桐：今寫作"珙桐"。

[二]"枝長葉茂"，原作"葉枝長茂"，據刊誤表改。

[三] 赫觀察：赫瀛。詳本書《純陽殿》篇注文。

游記》所載凉水當酒賣之説相類[一]，意在戒貪，非實事也。歲六月六日朝禮，登山極目，緑禾盈疇，遠山如環，峨眉蔚秀。羅目廢縣近在足底，緑竹茂林，隱然如見古之城郭。青龍古鎮，林薄炊烟，瓦屋如畫。山道石級，江上鐵橋，并道光辛丑創修。“孝心橋”三字，純陽虬筆也。

龍虎院

龍虎院，在青龍鎮北五里。光緒初年建，祀道、佛及藥王真人。比丘尼居之，殿宇階庭極爲整潔。門對李祠，祠宇古舊，石砌月池，大可畝許。池之兩旁，古榕當道，庚暑酷熱，覆蔭行人。李氏，關中人也。自宋迄清，邑人祖先由滇、黔、秦、吴、粤、閩、浙、贛諸省遷入者至多，不盡屬湖廣也。兹列其可考者。

李氏，明初自隴西徙川南，祠在院前。

林氏，明時自福建蒲田縣入蜀，轉徙來峨。其始祖林海亨，初居大爲。康熙中徙鞠漕，道光壬寅建祠。

賀氏，清初自江西來峨眉，居沙溪。繼遷青龍鎮。

王氏，關中人，明時遷蜀南部縣，清初遷峨眉。進士王國祚，其顯者也。祠在燕岡鄉鄧祠側。

張氏，元末自江蘇江寧入蜀，居眉州。明張景賢，其顯者也。繼遷峨眉，清張玉田[二]，其顯者也。玉田，道光進士，著有《花洋山館詩集》。

鄧氏，江西臨江人鄧鎮，爲漢口總兵。明季入蜀，居峨眉，祠在燕岡鄉。

萬氏，明初萬壽一自楚入蜀，居眉山。明萬安，其顯者也。萬曆時，萬永春再遷峨眉，今金萬坎，希成議長之祖也[三]。

金氏，清初由浙江入蜀，居峨眉青龍鎮上。

[一] 按，此事載《東游記》之“三至岳陽飛度”。

[二] 張玉田：張熙宇，字玉田，號曉滄，峨眉縣人，道光癸巳（一八三三）進士，任揭陽知縣、南寧知府、厦門道、安徽按察使等職。詳宣統《峨眉縣續志》卷七小傳、卷九《花洋山館序》。據《清人詩文集總目提要》，此人存《花洋山館詩鈔》十二卷，《花洋山館文鈔》四卷，另附《補遺》二卷，藏國家圖書館。

[三] 萬希成：生於一八七五年，卒於一九五〇年，我國著名工程師，曾留學日本早稻田大學土木工程專業，後與詹天佑共同設計京張鐵路。一九三九年後任峨眉縣參議長。傳記見一九九一年版《峨眉縣志》。

周氏，滇人，宋時游宦來峨眉，始祖周綱墓在今聖廟側。周禎，能文，門生甚衆。

童氏，元時入蜀，居嘉州犍爲、峨眉、樂山等處。符鎮徑山寺側有童氏總祠。明成化進士童瑞，字士奇，官工部尚書[一]，卒葬鹽溪口鳳凰山。正德六年，與徐文華、安公石等主修樂山城池。

伍氏，明正統間衡州進士伍文泰令仁壽縣，升夔州府。後居峨眉，因家焉。祠在龍池伍坪。

魏氏，江西人，明時入蜀，居樂山水口場魏落渡。明末，魏正極始遷峨眉。省參議員崇元乾初之祖也[二]。乾初善篆隸，工刊刻。

王氏，明時入蜀，祠在卧雲寺右。及寺傾圮，有乘夜移佛入祠者，因讓祠爲寺，即今惠靈祠也。

楊氏，祠在八廟子側，汪用珩近韓撰《楊榮霞行紀》有云："公，邑人也。始祖籍楚北漢川，由污泥港播遷來蜀。居犍爲、青衣，旋徙峨眉，距羅目舊縣東二里家焉。"近韓善書，楊氏外孫也。

何氏，明天啓中自湖廣德安府麻城縣孝感鄉太平村奉諭填川。初居嘉定柏香林，康熙五年遷峨眉雁林鄉。祠在燕岡鄉仙殿。

龐氏，明景泰七年丙子龐武寶自楚來蜀，初居富順。弘治九年丙辰，乃遷峨眉翔鳳鄉，今青龍場龐坎是也。

鞠氏，明天順間入蜀，卜居峨眉。始祖曰鞠君馨，祠在鞠漕。

郭氏，自湖廣麻城遷大雲山，再遷峨眉鞠漕泉水井。

吴氏，明萬曆時吴詔弟兄三人由楚入蜀，臨別碎所負鍋，稱鍋鐵吴，志同本源也。憲琛先生之祖先也。

尹氏，明尹宗吉創修《縣志》，有明靖士尹見吾之墓，與夾江尹氏一家，尹相之祖先也[三]。

[一]"工"，原作"吏"，誤，據《弇山堂别集》改。其書卷五九稱此人正德十六年（一五二一）任工部右侍郎，嘉靖元年（一五二二）轉左侍郎；同書卷五一稱其爲弘治庚戌（一四九〇）進士，嘉靖六年（一五二七）任工部尚書，七年致仕。萬曆《嘉定州志》卷四、同治《嘉定府志》卷三四等有傳。

[二]崇元：魏崇元，字乾初。據《李劼人全集》第七卷之《追念劉士志先生》一文，魏崇元與李劼人同學、同歲，則生於一八九一年也。《中華民國國民軍政府軍政職官人物志》稱其於一九二八年十二月五日被派爲視察西康專員。

[三]"相"下，原衍"臣"字，據宣統《峨眉縣志》卷七小傳删。按，尹相字輔臣，不名尹相臣也。

李氏，明時入蜀始祖曰李覺。明末李師程[一]，其顯者也，李秀醲之祖也[二]。秀醲字斗垣，署理昭通府，能詩善書。

劉氏，始祖勤公、智公，明萬曆時自湖廣麻城孝感來蜀，居縣東南天廟、泉水塘等處。家廟曰南天廟，康熙初年重建。興場八世祖永盛公入縣學，祖墓葬桅竿山、罐兒山、泉水塘各地。歷十八世，閱四百年，譜系難考，祖德長潛。

楊氏，楊洪禮自湖廣麻城縣孝感鄉入蜀。初住縣南龍門、鴨子池，後有遷樂山、水口者，有遷楨楠壩者。楨楠壩之楊有遷青神者。其遷楊河壩者，處士楊毓峨之祖先。毓峨爲瑞五旅長之祖父。

李氏，祠在燕岡鄉李岡，明李綱子大邦之後。入蜀，初居嘉州，繼遷峨眉，李泗源之祖先也。

萬氏，萬壽一，湖北麻城人。入蜀，居峨眉，今廿一世矣。祠在龍池，萬于一之祖先也。

杜氏，杜稔和，明末入蜀，祠在慈雲寺。

蟠龍寺

蟠龍寺，唐慧覺禪師駐錫處也。師謁台州勝光和尚，值光在繩床上坐，師直到身邊叉手立。光問："甚麽處來？"師云："猶待客話在。"便下去。光乃拈拂子，下僧堂前見師，提起拂子問云："闍黎唤這個做甚麽？"師云："敢死喘氣。"光低頭便歸方丈。師初參羅山[三]，纔禮拜起，山云："甚處來？"師云："遠離西蜀，近發開元。"却近前云："如今事作麽生？"山揖云："吃茶去。"師擬議間，山云："秋氣稍暖出去。"師到法堂上，自嘆云："我在西川峨眉山脚下，拾得一枝蓬蒿箭，擬撥亂天下。今日到福建道陳老師寨裏，弓折箭盡去也。休！休！"山明日升堂，師又出問："豁開户牖，當軒者誰？"山便喝，師無對。山云："羽毛未備，且去。"

[一] 李師程：嘉慶《峨眉縣志》卷七有傳，乾隆《峨眉縣志》卷六稱其爲崇禎癸未（一六四三）進士。
[二] 李秀醲：宣統《峨眉縣續志》卷七有傳，稱其字西峰，號農莊，一號斗垣。
[三] 羅山：福州羅山道閑禪師，俗姓陳，事迹詳《景德傳燈録》卷一七。

後還蟠龍寺住[一]。然寺之經始，方志無考。

附近有棋盤寺，《志》稱隋茂真尊者開建，有日游呼應、夜宿棋盤之説。唐邑人東汀和尚[二]，初參曹山。及回峨眉棋盤寺，僧問："如何是却去底人？"曰："石女紡麻纑。"問："如何是却來底人？"曰："扇車關棙良計斷。"僧禮拜。寺之始末亦莫能明。今兩寺俱敗，未親瞻禮，不敢妄記也。

寺南山下爲高橋場，當樂西公路入山之口，古有驛道[三]。《讀史方輿紀要》卷七十四"新驛"云："隆慶中，越巂指揮程昱議將鎮西千户所起至玀猓　地方舊路開闢，直抵峨眉縣至四川城，避大渡河與相公嶺之險[四]。蓋自所至省城，中間水則大渡河，每年春秋二季瘴發，行人斷絶。雖有緊急，聲息莫通，行者又有風濤之害[五]。山則大相公嶺，高五六十里，四時多雪，晝日晦冥，非遇哨期有百數十人則不敢過。哨期一月三次，行者未免遲滯。其頂盤百折，層叠之險，多不可名。亦有湍流，人常病涉。過此則南站，兩傍皆西番巢穴，中通一綫路。雖有關堡防備，番夷出没無常，未免遭其劫掠[六]。洪武十七年，景川侯曹震言[七]：'四川至建昌驛道有大渡河之險，問諸父老，自眉州峨眉縣至建昌，古有驛道，平易可行，歲久蔽塞，今已開通，以温江至建昌各驛馬移置峨眉新驛爲便。'今開新驛，即震所請也。且較舊路近二三百里，日日可行。原有舊迹，修葺以易云。"據此則驛道之開或在唐代設羅目縣時，惟夷人天驕，恃險横行，縣廢而道塞也。明室設衛設所，清室設廳。然山深道險，夷患難息，道途商旅常遭擄掠。今樂西路成，夷人深退矣。《讀史方輿紀要》"土地關"所記，今盡屬峨邊縣，兹不贅。

[一] 按，此前所言見蔣超《峨眉山志》卷四、《蜀中廣記》卷八五、《景德傳燈録》卷二三等。

[二] 按，此僧事迹見蔣超《峨眉山志》卷四。

[三] "驛"，原作"鐸"，據刊誤表改。

[四] "與"，原脱，據《讀史方輿紀要》補。

[五] "害"，原作"險"，據《讀史方輿紀要》改。

[六] "未免"，原脱，據《讀史方輿紀要》補。

[七] 曹震：雍正《四川通志》卷六小傳云："濠人，洪武十二年（一三七九）以征西加封景川侯。十八年（一三八五）遣建蜀府，太祖諭之曰：'蜀之爲邦，在西南一隅，羌戎之所瞻仰，非壯麗無以示威，汝往欽哉。'震祇奉敕命，營國武擔山之陽。後又命核征士於四川，代藍玉還京，上便宜五事。二十四年（一三九一），在川鑿石通河，爲灘百九十三，爲橋五十四。永寧至大理，建昌至西番，皆爲驛鋪。狥義任勞，雨雪不避，時多其勛績焉。"

中山寺

縣舊《志》云龍池"池心少東忽突涌一峰，秀削，類似江南燕子磯、嘉定烏尤山。峰上有寺，名中山寺，明成化中重建。其上多奇花異木，有名觀音蓮者，色正黄，形如蓮瓣重臺，每開，經年不謝。春夏之交，游人多携酒泛舟[一]，登臨於此"云云。民國甲申冬月，余游龍池，上案雲山，登雲華頂，霧重天寒，未得親禮中山古剎。但故老傳言符合記載，惜其廢弛已久，勝迹堙没。而山峰林薄，蔚然蓊秀，池水淵澄，蘋風浪起，隔池引領，不禁神馳。何日重游，今不可知也。

自唐代建羅目縣，用兵西南，開峨眉至建昌之驛道。宋、元之際[二]，獠變道塞。明洪武時，曹震請准，重開驛道。無何，又廢。隆慶中，越嶲指揮程昱又請移置新驛。今訪求唐、宋、元、明之古迹，杳不可得。而伍坪唐之觀音寺，明之東皇廟、中山寺、東皋壇以及古村古場如黄茅岡、楊村鋪、土地關、龍鳳場、玉龍場，康熙時開采鉛、銀之老鶴巖、瓦子坪銀礦洞等，無法推見往昔。惟林、羅、馬、萬四姓明初居此、餘皆後至之傳説，不爲無稽也。居今度昔，唐、宋時羅目縣城猶遭夷患，僑治無定。元、明之際，雖有居民，無法安居。萬曆以後，夷梢深退。清嘉慶時，設廳撫夷，而中鎮以外乃稱安靖。龍池、大爲雖屬山地，然白石溪、深溪壩、前溪、後溪、金村、趙坪等處，頗有沃土，非盡荒寒，山居之民亦饒裕也。

觀音寺

觀音寺，唐時峨山黑水寺洞溪和尚習静處也。洞溪初參樂普[三]，曰："月樹無根枝覆蔭。"普曰："森羅秀處，事不相依；渌水千波，孤峰各異。"

[一]"游人"，原脱，據嘉慶《峨眉縣志》卷一"龍池"條補。

[二]"際"，原作"國"，據刊誤表改。

[三]樂普：澧州樂普山元安禪師，俗姓淡，夾山善會之徒，陝西鳳翔人，傳見《景德傳燈録》卷一六。

師有省。一日，普問曰："蛇師爲甚被蛇吞去也？"[一]師曰："幾度扣關拈不出。"持錫便行，普曰："善哉，去一普賢。"[二]回峨眉，惟卓錫之詳不明也。寺爲康熙末年慈舟和尚重建。慈舟者，附近伍氏子也。嘉慶間，宗蓮上人修葺。寺左有蓮花石，高三丈許，石級天成。寺後有觀音巖，巖上有井，冬温夏凉。惟百年以來漸趨朽敗，勝迹落寞矣。寺前爲走馬坪，逾坪，渡龍池河，即爲龍池場，或唐、宋時驛店也。

場後有池曰龍池，胡世安《道里紀》云峨眉"有龍池[三]，四山環抱，一鑑中涵[四]，瀰漫又十里許，深黝叵測，下有龍居。相傳每開霽則霞光上昱，隱見點額大金鯉四尾及水獸龍馬等物游戲其間；或澄映處依稀古樹參差，圖繪淵底。中多魚[五]，流氓擅利。漢李膺《記》云[六]：'峨眉山下有龍池，長廣十里。'即此。"舊記如斯。此土居民今猶或見怪異也。

環池皆山，三峰山林木尤茂，古曰雲華頂。咸豐元年建道觀，曰三峰山，祀張三峰。登山眺望，群峰肅穆，池水澄清，亦勝地也。場北十五里爲大爲場[七]，古大域關也。附近别有觀音寺，修建宏敞，明嘉靖二十四年創建，林、羅、馬、萬四姓之香火廟也。場西二十里古有玉龍場，今僅茅店數家，而興廢難詳也。

附：古今寺

古今寺在大渡河北岸，隔江與中鎮相對。碑云："寺以古今名，以其

[一]"蛇師"，原作"螺螄"，因襲蔣超《峨眉山志》卷四而誤，據《景德傳燈録》卷二〇改。按，蛇師指蠑螈，此處諧音指蛇的師父，蛇向師父請教，却"拈不出"，故吞之。

[二]"去一"，原作"又憶"，據蔣超《峨眉山志》卷四及《蜀中廣記》卷八五、《景德傳燈録》卷二〇等改。

[三]"紀"，原作"記"，據蔣超《峨眉山志》卷九所收《登峨山道里紀》改。

[四]"鑑"，原作"鏡"，據《峨眉山志》改。

[五]"中"，原脱，據《峨眉山志》補。

[六]"記"前，原有"益州"二字，乃劉君澤所補，不確，今删。按，所言李膺《記》，指李膺《益州記》，此李膺乃南朝梁代人，非漢時之李膺也。而李膺之書早已亡佚，佚文散見於《太平寰宇記》《太平御覽》諸書，暫未見有與此條相關之記載。胡世安此説或不可信，清人王培荀《聽雨樓隨筆》卷八"眉州白龍池"引胡世安之語則不言李膺《記》一説。既非漢時李膺，又未必果真爲南朝時李膺之《益州記》，則補"益州"二字何益耶？

[七]"爲"，原作"圍"，音同而誤，據本書"峨眉縣一""峨眉縣三"改。

建於右永。”其詞费解[一]。嘉靖間重建，迄於今六百年矣。《寰宇記》謂秦惠王移秦人實蜀，秦人思秦涇水不得，乃呼此水爲涇水，唐天寶六年改名秦水[二]。或謂“涇口”訛爲“金口”，又謂“古涇”訛爲“古今”者也。《晋書》云李雄、李勢據蜀時，獠人從山而出，北至犍爲、梓潼，布在山谷十餘萬落，不可禁制，大爲百姓之患。據此，則蜀之西南先有漢人，獠固後至也。

寺中萬曆十七年碑略云：“逆夷蕩平，恢復夷占田地，先行丈量，准依本縣六鄉規則，編爲歸化鄉十甲，簽里長十人，管束甲户。”文中載丁口、田地夫、馬渡夫、塘夫及畝分賦額，“主簿、皂隸、霜降祭旗”等數字甚晰。康熙元年碑稱，峨眉田里清丈已竣，惟邊地清丈難及畏夷不敢入也，請依萬曆碑文完納，無煩清丈。其詞云：“惟有峨邊，雖附轄峨眉，其實離城三百餘里。一名爲歸化鄉，一名爲平夷堡，自明洪武區分，我朝定鼎，均不在版圖之内。與民一例納糧當差，反令每年貢馬價銀一百零九兩四錢三分六釐，所以統屬其苗蠻反側之心也。”碑在縣堂，可據。

乾隆五十三年，邑令王贊武奉札到邊清丈[三]，量地升科，安大、恒、裕、慶、永五鄉。嘉慶十三年設峨邊廳，將峨邊甲撥歸廳轄，又安清、平、安、樂四鄉，共九鄉。據此，獠人爲患，自東晋至清室，叛服不常，侵擾無已。今夷地種烟，銷售各處[四]，而奸滑之徒以武犯禁，無耻哉！《讀史方輿紀要》有“靖夷堡”“安靖寨”“平夷堡”“木瓜夷”諸條，所記盡屬峨邊，兹不贅。

普會寺

普會寺，夏氏家廟也。清初，地廣人稀，招民開墾。秦、楚入蜀者，標簽占土，投報縣署，名曰簽報，西蜀州縣所在有之。寺之附近，夏氏簽報甚廣。乾隆時，施廟爲寺焉。背負青林，面横秀嶺，地形優美，梵宇雅潔。有成化時磬一，或别院移置也。寺右爲斗笠坎，坎下爲夏村，

[一]“詞”，原作“祠”，形近而誤，據文義改。

[二]按，此説見《太平寰宇記》卷七四。

[三]王贊武：嘉慶《峨眉縣志》卷五小傳云，此人號雪巖，貴州普安州人，乾隆甲午（一七七四）舉人，戊申（一七八八）令峨眉。後署南部縣，賊變遇害。

[四]“售”，原作“受”，據刊誤表改。

唐進士仲子陵故里在焉，居民猶能指仲氏基園云。《續通志·唐司門員外郎仲子陵傳》曰："唐大曆時[一]，通經者啖助、匡質以《春秋》，施士匄以《詩》，仲子陵、袁彝、韋彤、韋茝以《禮》，蔡廣成以《易》，强蒙以《論語》，皆自名其學。而子陵、士匄最卓異。子陵，蜀人也，好古學，讀書大峨石。舉賢良方正，擢太常博士，通后蒼、大小戴《禮》。有司請正'太祖東響位而遷獻、懿二主'[二]，子陵議藏主德明，興聖廟，其言曲正。後異論紛紜，復爲通難示諸儒，諸儒不能詘。久之，典黔中選補，乘傳過家，西人以爲榮。終司門員外郎。陵以文義自怡，及亡，其家惟圖書及酒數斛而已。"[三]

白衣庵，萬曆初建。清嘉、道間修葺，庵基幽秀。

炳靈殿，崇禎二年建，荒弛久矣。

龍門院

龍門院，月公法藏上人所開建，而月公行事不詳焉。清初，涌泉上人居之。涌泉參悟多年，通五經、古文，善詩書，年八十，一笑而逝。楊公廷瑞題其額曰"一笑堂"。寺有康熙壬戌涌泉所鑄鐵磬。涌泉與紫芝性藏上人善，常相往還焉。康熙癸丑，撫軍延紫芝至江左，乙卯圓寂於揚州上方寺。臨終書偈扇頭云："年光五十七，世緣今已畢。東海石頭枯，大峨如鐵壁。"予觀院中牌位，疑性藏蓋涌泉師長行也。

乾隆甲戌，白龍洞僧清池上人重建。院宇敞廣，階堂明潔，金桂飄香，金橘鮮碩。寺雖衰落，而禪静情肅，流風未泯焉。門外種玉溪環繞如帶，《志》稱種玉溪怪石刻露如玉[四]。胡世安曰："種玉溪題詠亦不減無懷洞。"然今不識題於何處，所詠何事也。

[一]"曆"，原作"歷"，今改。按，大曆、萬曆等年號不用"歷"字。

[二]"太"，原作"大"，雖曰可通，仍據《續通志》改。

[三]按，此處乃據《欽定續通志》卷五三九《儒林傳·啖助附仲子陵》改寫。《新唐書·儒學下·啖助傳附仲子陵》亦有記載，《文苑英華》卷九四一有權德輿所撰《尚書司門員外郎仲君墓志》，皆可參看。

[四]按，此《志》爲蔣超《峨眉山志》，見其書卷二。

龍門古院，俗稱掛瓢庵。山環水抱，明秀無匹，堪輿家衆口交贊焉。蓋以清進士張玉田之祖墓雍正時葬於此地故也。

普賢寺

普興場之普賢寺，明初惠光上人重修，不自寶曇始也，特明以前不可考耳。千佛巖有佛四百餘尊，刻鏤拙樸，亦惠光上人創鑿。寶曇國師奉命來峨眉，駐錫於此者八年，而普賢寺乃成名寺。永樂辛丑，有明珏禪師號瑩中者，繼師駐錫。宣德戊申，建圓覺殿，奉普賢騎象銅像，亦當時所鑄。并修山門，砌石級，請名畫家錦城鍾英畫十二圓覺、二十四諸天。珏禪師者，慈濟庵慧觀無礙法師之徒也。

此後有修葺之功者，明成化時有善宣和尚，嘉靖時有太空禪師；清康熙時有海金和尚，乾隆時有源明和尚。太空諱如蒼，別號慈雲，嘉陽符文韓氏子也。率徒十餘人，建房舍十餘間，置田産五十餘畝，更修海墁墻屏之屬。善宣，寶曇之裔孫。海金，峨雲之法嗣也。寺中宣德辛亥、壬子兩碑，成化二十一年乙巳碑，隆慶辛未五年碑，康熙己丑碑，猶可讀也。

余嘗自雙福經貓兒溝、侍郎墳、千佛巖走普興，瞻仰古寺。徘徊殿下，荒弛静寂，陰闇懾人。然宣德時之圓覺殿，成化時之大悲殿，嘉靖時之海墁墻屏，永曆時之大雄殿等，古色古香，令人肅穆。惜乎殿壁朽敗，而鍾英名畫不能與宣德時普賢銅像、成化時石質錢爐并傳至今也。

普興場後荒山頂上，寶曇國師塔在焉。即巨石鑿室，内修三塔，中寶曇塔，左歷代禪師塔，右海浄、海金塔。外碑三，一寶曇塔銘，杭州釋弘道撰；一御賜詩碑，一御祭文碑，均剥蝕難讀也。

行司廟一殿僅存，附祀蔡侯，礄户散居，不知户數。峨眉、夾江、洪雅并有紙業，而夾江所造最爲精好，峨眉次之，洪雅爲下。明時，三縣之紙聚散於青衣、大渡之會，曰尖山今草鞋渡對岸。曹能始經其地，稱其貢紙精好焉[一]。

[一] 按，此説見《蜀中廣記》卷一一。

圓通寺

圓通寺，印宗禪師法嗣、達州人福仙開建。大殿，永曆五年建；韋陀殿，康熙甲申建；觀音殿，乾隆己未重建；天王殿，乾隆癸亥建。殿宇敞廣，廊廡修潔，惟門壁窗櫺漸趨朽敗矣。寺右十里造絶頂爲明時觀音庵，俗稱四峨山，舊稱花山[一]。酈道元《水經注》云："峨山東北有武陽、龍尾山，仙者羽化之所。"或云即此地也[二]。融心印宗禪師，綿州人，自海上來卓錫談禪，小有修葺。有崇禎乙亥磬一口，即融心所鑄也。《志》稱印宗止錫四峨，跏趺坐處，祥雲結蓋，猛獸柔心，無不調伏。歲逢亢旱，縣令遠延，蒲團剛至，甘霖充沛。春秋七十有零，一日敷坐告衆云："汝衆各殷勤戒定，莫習餘業，莫戀名利。須信春宵一刻值千金，臨渴掘泉枉徒勞。"復厲聲云："萬緣已盡，詎可再三！"召大衆念佛千聲，瞑目而逝[三]。其後戒壇衣鉢由鞠惟律師繼席，規繩至嚴，爲一代首儀矣。

民國戊辰，巴縣居士李元山居之，即庵外頑石造彌勒佛，高一丈六尺，峨眉石佛無與倫比。建屋幬之，巍然霄漢。四峨不高，山非秀麗，然孤峰特起，閑雲常集，雲海霧流，時時見之。花山下有儀鳳庵，今不知其處。

磁佛寺

磁佛寺，宋、元時撥雲山庵也。寺佛江西景德鎮瓷料燒成，同治時於磁龕裂處得紅綾，有文略云："明洪武時，僧智元命峨山僧惠光創鑿千佛巖，重修普賢寺，又命赴江西募燒磁佛。永樂十三年，磁商謝元芳、田萬鰲發願塑燒，臘月八日運至撥雲山庵供奉。"至今六百年矣，磁佛完好，殿亦雅潔，比丘尼居之。寺外沿夾峨公路南行五里爲雙福場雙福寺，不知何年建。紙市甚大，精粗畢集。場跨泥溪，約三百户，雙日集市，

[一]"花山"前，原誤衍"粗"字，據蔣超《峨眉山志》卷二刪。

[二]按，此説誤，蔣超《峨眉山志》卷二引《水經注·洣水》之文，看似有"峨山"字樣，其實與峨眉無關，乃因襲《蜀中廣記》卷一〇一之誤也。洣水在湖南，峨山亦非蜀地峨眉山也。

[三]按，印宗傳見蔣超《峨眉山志》卷四。

甚繁雜也。

一乘庵，古海龍坪也。明隆慶元年僧舟通創建，順治甲申毁於兵火。己亥之歲，重修大殿。康熙五年，有川北人皖泰體融者居之，道行服衆，講律化俗，更修葺焉。民國初年，比丘尼了緣居之。了緣如真者，錫瓦殿真印禪師之徒也。年已古稀，修持堅定。今其寺橘柚成林，園蔬肥碩，澗壑清幽，無塵俗之氣。

慶壽寺，明時建修，都人士祝釐之所也。康熙甲辰，明嵩大師披剃於寺。癸巳，乃莊嚴殿宇，修建崇宏，雍正癸卯工竣。師諱福晟，建業王氏子，入蜀三百年。父朝祚，甲申避難於滇。丙申二月，師生於曲江，後隨父返蜀寓。幼而爲僧，長善歧黄，且精字學，與邑人楊世珍友善[一]。今之慶壽寺，則廢闃無僧也。

《峨眉伽藍記》，全書計四萬五千零五十一字，注文計五百九十七字。

[一]“珍”，原誤作“楨”，今改，説詳本書《禹王宫》篇注文。

參考文獻[一]

B

（北凉）曇無讖譯：《悲華經》，《大正新修大藏經》第 3 册。

（明）過庭訓：《本朝分省人物考》，《續修四庫全書》第 533-536 册。

（明）釋明河：《補續高僧傳》，《卍新纂續藏經》第 77 册。

（明）杜應芳、胡承詔輯：《補續全蜀藝文志》，《續修四庫全書》第 1677 册。

C

（明）郭春震：嘉靖《潮州府志》，嘉靖二十六年刻本。

（明）周世昌：萬曆《重修崑山縣志》，萬曆四年刻本。

（明）釋道忞：《禪燈世譜》，《卍新纂續藏經》第 86 册。

（清）王士禛：《池北偶談》，北京：中華書局，1982。

（清）李玉宣修，衷興鑑纂：同治《重修成都縣志》，同治十二年

[一] 説明：本目録按書名首字字母音序排列，同字母下大致按時間順序排列；源自以下大型叢書者，皆不詳列出版信息，僅言作者、書名及所在叢書之册數。分别爲：
台灣商務印書館，1983 年《景印文淵閣四庫全書》；
上海商務印書館，1937 年《四部叢刊》系列；
齊魯書社，1997 年《四庫全書存目叢書》；
北京出版社，1998 年《四庫未收書輯刊》；
上海古籍出版社，2013 年《續修四庫全書》；
大正一切經刊行會，1934 年《大正新修大藏經》；
東京：株式會社國書刊行會，1989 年《卍新纂續藏經》；
巴蜀書社，1992 年《中國地方志集成・四川府縣志輯》；
大象出版社，2008 年《清代縉紳録集成》。所引單篇文章則隨文附注，此處從略。

刻本。

（清）釋中恂：《重修昭覺寺志》，《中國佛寺史志匯刊》第三輯第 5-6 册，臺北：丹青圖書公司，1985。

（民國）謝汝霖修，羅元黼纂：民國《崇慶縣志》，《中國地方志集成 ·四川府縣志輯》第 14 册。

易君左等著：《川康游踪》，桂林：中國旅行雜志社，1943。

譚天：《持一句佛號回家 净宗大德昌臻法師傳》，成都：四川文藝出版社，2012。

楊先農、向自强主編：《長征路綫四川段文化資源研究 · 邛崍卷》，成都：四川人民出版社，2016。

D

（唐）僧一行述：《大日經義疏》，《卍新纂續藏經》第 23 册。

（宋）李廌：《德隅齋畫品》，文淵閣《四庫全書》第 812 册。

（明）石禄修，唐錦纂：正德《大名府志》，正德年間刻本。

（明）張欽：正德《大同府志》，正德刻嘉靖增修本。

（明）康海：《對山集》，《續修四庫全書》第 1335 册。

（明）吴元泰：《東游記》，民國時期《四游記全傳》本，廣州：大成書局，不詳。

（清）顧祖禹：《讀史方輿紀要》，北京：中華書局，2005。

E

（清）房星著等修：康熙《峨眉縣志》，康熙刻本。

（清）文署等修：乾隆《峨眉縣志》，《故宫珍本叢刊》第 214 册，海口：海南出版社，2001。

（清）王燮修，張希晋纂：嘉慶《峨眉縣志》，《中國地方志集成 · 四川府縣志輯》第 41 册。

（清）李錦成修，朱榮邦纂：宣統《峨眉縣續志》，《中國地方志集成·四川府縣志輯》第 41 册。

（清）蔣超編，宋肄樟等訂補：《峨眉山志》《四庫全書存目叢書·史部》第 236 册。

（民國）譚鍾岳：《峨山圖志》，光緒十七年刻本。

黄大受：《峨眉風光》，上海：中華文化服務社，1947。

劉上熹：《峨眉導游詳記》，上海：商務印書館，1936。

印光編，王斌、艾茂莉校注：《峨眉山志校注》，成都：西南交通大學出版社，2024。

F

（宋）范成大撰，孔凡禮點校：《范成大筆記六種》，北京：中華書局，2002。

（元）釋念常：《佛祖歷代通載》，《大正新修大藏經》第 49 册。

（清）孫和相修，戴震纂：乾隆《汾州府志》，乾隆三十六年刻本。

（清）李文起修，戴震纂：乾隆《汾陽縣志》，乾隆三十七年刻本。

（清）周貽繧修，曹樹穀纂：道光《汾陽縣志》，咸豐元年刻本。

（清）方家駒修，王文員纂：光緒《汾陽縣志》，光緒十年刻本。

G

（宋）周密：《癸辛雜識》，北京：中華書局，1988。

（明）談遷：《國榷》，北京：中華書局，1958。

（明）何鏜：《古今游名山記》，《續修四庫全書》第 736 册。

（明）陸應陽撰，（清）蔡方炳增補：《廣輿記》，《四庫全書存目叢書·史部》第 173 册。

（清）宋國榮修，羊琦纂：順治《歸德府志》，順治十七年刻本。

（清）金鉷等修：雍正《廣西通志》，文淵閣《四庫全書》第 565-568 册。

（清）李桓：《國朝耆獻類徵初編》，臺北：明文書局，1985。

（民國）任可澄、楊恩元等修：民國《貴州通志》，民國三十七年鉛印本。

（民國）勞亦安：《古今游記叢鈔》，上海：中華書局，1924。

H

（明）張可述：嘉靖《洪雅縣志》，《天一閣藏明代方志選刊》本，上海：上海古籍書店，1963。

（清）陳國儒修，李寧仲纂：康熙《漢陽府志》，康熙八年刻本。

（清）邁柱等修：雍正《湖廣通志》，文淵閣《四庫全書》第531-534冊。

（明）郭從道：嘉靖《徽郡志》，嘉靖四十二年鈔本。

（清）翁元圻等修，王煦等纂：嘉慶《湖南通志》，嘉慶二十五年刻本。

（清）陸鼎斅修，王寅清纂：同治《霍邱縣志》，同治九年刻本。

中共成都市委黨史研究室編：《紅色印記 成都市革命遺址與紀念館》，北京：中央黨史出版社，2009。

J

（後晋）劉昫等：《舊唐書》，北京：中華書局，1975。

（宋）釋道原：《景德傳燈録》，《大正新修大藏經》第51冊。

（元）揭傒斯：《揭文安公全集》，《四部叢刊初編》本。

（元）劉因：《静修集》，文淵閣《四庫全書》第1198冊。

（明）陳瑚：《嘉靖癸丑科進士同年便覽録》，《明代登科録彙編》第12冊，臺北：學生書局，1969。

（明）范醇敬：萬曆《嘉定州志》，國家圖書館藏清抄本。

（清）佚名編：乾隆四十二年《縉紳全書》，《清代縉紳録集成》第三卷。

（清）謝旻等修：雍正《江西通志》，文淵閣《四庫全書》第513-518冊。

（清）尹繼善等修：乾隆《江南通志》，文淵閣《四庫全書》第507-512册。

（清）葛晨：乾隆《涇陽縣志》，乾隆四十三年刻本。

（清）宋鳴琦修，王佐纂：嘉慶《夾江縣志》，嘉慶十八年刻本。

（清）文良修，陳堯采纂：同治《嘉定府志》，《中國地方志集成·四川府縣志輯》第37册。

（清）丈雪通醉：《錦江禪燈》（與《黔南會燈録》合刊本），成都：四川大學出版社，1998。

仲予：《近代名人小傳》，《近代中國史料叢刊》第八輯第78册，臺北：文海出版社，1966。

《近代巴蜀詩鈔》編委會：《近代巴蜀詩鈔》，成都：巴蜀書社，2005。

徐杉：《即將消失的文明》，成都：四川大學出版社，2012。

L

（清）張淑渠修，姚學甲等纂：乾隆《潞安府志》，乾隆三十五年刻本。

（清）劉獻廷：《劉繼莊先生廣陽雜記》，《續修四庫全書》第1176册。

（民國）唐受藩修，黃鎔纂：民國《樂山縣志》，民國二十三年鉛印本。

劉小寧：《林森傳》，杭州：浙江大學出版社，2003。

李劼人：《李劼人全集》，成都：四川文藝出版社，2011。

M

（明）張懋等修：《明孝宗實録》，臺灣“中央研究院”歷史語言研究所校印，1962。

（明）徐光祚等修：《明武宗實録》，臺灣“中央研究院”歷史語言研究所校印，1962。

（明）張溶等修：《明穆宗實録》，臺灣“中央研究院”歷史語言研究

所校印，1962。

（明）朱純臣等修：《明神宗實録》，臺灣“中央研究院”歷史語言研究所校印，1962。

（明）朱純臣等修：《明熹宗實録》，臺灣“中央研究院”歷史語言研究所校印，1962。

（明）王九思：《渼陂集》，《續修四庫全書》第1334册。

（清）黄宗羲編：《明文海》，北京：中華書局，1987。

（清）張廷玉等：《明史》，北京：中華書局，1974。

（清）谷應泰：《明史紀事本末》，北京：中華書局，1977。

高鶴年：《名山游訪記》，上海：上海佛學書局，1948。

N

（明）熊過：《南沙先生文集》，《四庫全書存目叢書·集部》第91册。

（清）胡炳修，彭映纂：道光《南江縣志》，道光七年刻本。

P

（清）彭孫貽：《平寇志》，上海：上海古籍出版社，1984。

（清）章廷珪修，范安治纂：雍正《平陽府志》，乾隆元年刻本。

邵祖平：《培風樓詩》，杭州：浙江大學出版社，2000。

朱偰：《漂泊西南天地間》，南京：鳳凰出版社，2008。

Q

（明）楊慎等：《全蜀藝文志》，北京：綫裝書局，2003。

（明）楊殿元：崇禎《乾州志》，崇禎六年刻康熙補印本。

（清）高宗敕撰：《清朝文獻通考》，《萬有文庫》本，上海：商務印書館，1936。

（清）懷蔭布修，黄任纂：乾隆《泉州府志》，光緒八年補刻本。

（清）乾隆敕纂：《欽定八旗通志》，文淵閣《四庫全書》第664-671册。

（清）永瑢、紀昀等：《欽定歷代職官表》，文淵閣《四庫全書》第601-602册。

（清）嵇璜、曹仁虎等：《欽定續通志》，文淵閣《四庫全書》第392-401册。

（清）彭定求等編：《全唐詩》，北京：中華書局，1960。

《清實録》，北京：中華書局，1986。

（清）封蔚礽修，陳廷揚纂：光緒《蘄州志》，光緒八年刻本。

趙爾巽等：《清史稿》，北京：中華書局，1977。

佚名：《清史列傳》，北京：中華書局，1987。

（民國）吴蘭生修，劉廷鳳纂：民國《潛山縣志》，民國九年鉛印本。

許欽文：《欽文自傳》，北京：人民文學出版社，1986。

柯愈春：《清人詩文集總目提要》，北京：北京古籍出版社，2001。

馮爾康：《清史史料學》，瀋陽：瀋陽出版社，2004。

R

（清）錫德修，石景芬纂：同治《饒州府志》，同治十一年刻本。

S

（唐）魏徵等：《隋書》，北京：中華書局，1973。

（宋）僧贊寧：《宋高僧傳》，北京：中華書局，1987。

（元）脱脱等：《宋史》，北京：中華書局，1977。

（明）劉大謨等修：嘉靖《四川總志》，北京：書目文獻出版社，1996。

（明）陸釴：嘉靖《山東通志》，嘉靖刻本。

（明）楊慎：《升庵集》，文淵閣《四庫全書》第1270册。

（明）虞懷忠等修：萬曆九年《四川總志》，《四庫全書存目叢書·史部》第199-200册。

（明）曹學佺：《蜀中廣記》，文淵閣《四庫全書》第591-592册。

（明）俞弁：《山樵暇語》，《四庫全書存目叢書·子部》第152册。

（明）釋幻輪編：《釋鑑稽古略續集》，《大正新修大藏經》第49册。

（清）聖祖御製：《聖祖仁皇帝御製文集》，文淵閣《四庫全書》第1298-1299册。

（清）王功成修，韓弈纂：康熙《陝西通志》，康熙五十年刻本。

（清）黄廷桂等修：雍正《四川通志》，文淵閣《四庫全書》第559-561册。

（清）覺羅石麟等修：雍正《山西通志》，文淵閣《四庫全書》第542-550册。

（清）張鵬翮：乾隆十二年《遂寧縣志》，乾隆十二年刻本。

（清）劉景伯：《蜀龜鑑》，《四庫未收書輯刊》第三輯第15册。

（清）阮元校刻：《十三經注疏》，北京：中華書局，1980。

（清）余鴻觀：《蜀燹述略》，《近代中國史料叢刊》第四十一輯第407册，臺北：文海出版社，1966。

中國人民政治協商會議什邡縣委員會文史資料工作委員會編：《什邡文史資料》第十一輯，德陽市文化局内部刊物，1995。

釋身振：《雙桂禪燈録》，濟南：山東畫報出版社，2015。

T

（五代）王定保撰，姜漢椿校注：《唐摭言校注》，上海：上海社會科學院出版社，2003。

（宋）樂史：《太平寰宇記》，北京：中華書局，2007。

（明）馮任等修：《天啓新修成都府志》，成都：巴蜀書社，1992。

（清）李炳彦修，梁栖鸞纂：道光《太平縣志》，道光五年刻本。

（清）李調元：《童山文集》，《續修四庫全書》第1456册。

（清）王培荀：《聽雨栖隨筆》，《續修四庫全書》第1180册。

（民國）丁炳埌修，吴承志纂：民國《太和縣志》，民國十四年鉛印本。

釋印順編：《太虛法師年譜》，北京：宗教文化出版社，1995。

W

（宋）李昉等編：《文苑英華》，北京：中華書局，1966。

（宋）釋普濟：《五燈會元》，北京：中華書局，1984。

（明）淩迪知：《萬姓統譜》，文淵閣《四庫全書》第596-597册。

（明）王士性：《王士性地理書三種》，上海：上海古籍出版社，1993。

（清）胡端書等修：道光《萬州志》，道光八年刻本。

X

（宋）歐陽修、宋祁：《新唐書》，北京：中華書局，1975。

（清）施閏章：《學餘堂文集》，文淵閣《四庫全書》第1313册。

（清）王嘉謨：康熙《徐溝縣志》，康熙五十一年刻本。

（清）張能鱗：《西山集》，《四庫全書存目叢書·集部》第216册。

（清）邱大英：乾隆《西和縣志》，乾隆三十九年鈔本。

（清）張樹勛修，王森文纂：嘉慶《續武功縣志》，嘉慶二十一年刻本。

（清）陳霽學、鄭安仁：道光《新津縣志》，道光十九年刻本。

（民國）韓世勛修，黎德芬纂：民國《夏邑縣志》，民國九年石印本。

（民國）吕崧雲、劉復等修：民國《新繁縣志》，民國三十六年鉛印本。

許欽文：《許欽文散文集》，杭州：浙江文藝出版社，1984。

胡增益主編：《新滿漢大詞典》，烏魯木齊：新疆人民出版社，1994。

邢肅芝口述，張健飛、楊念群筆述：《雪域求法記：一個漢人喇嘛的

口述史》，北京：生活・讀書・新知三聯書店，2008。

郭本禹、魏宏波：《心理學史一代宗師高覺敷傳》，南京：南京師範大學出版社，2012。

Y

（唐）李吉甫：《元和郡縣圖志》，北京：中華書局，1983。

（宋）王象之：《輿地紀勝》，揚州：江蘇廣陵古籍刻印社，1991。

（明）宋濂等：《元史》，北京：中華書局，1976。

（明）王世貞：《弇山堂別集》，北京：中華書局，1985。

（明）陳遴瑋、王升：萬曆《宜興縣志》，萬曆十八年刻本。

（明）何三畏：天啓《雲間志略》，天啓三年刻本。

（清）鄂爾泰等修：雍正《雲南通志》，文淵閣《四庫全書》第569-570冊。

（清）胡孝博：《玉津閣文略》，《清代詩文集彙編》第773冊，上海：上海古籍出版社，2010。

（民國）胡寄塵：《虞初近志》，上海：啓智書局，1934。

鄧拓：《燕山夜話》，北京：北京十月文藝出版社，2010。

Z

（宋）陳振孫：《直齋書録解題》，上海：上海古籍出版社，1987。

（明）劉若愚：《酌中志》，《海仙山館叢書》本。

（清）嵇曾筠等修：雍正《浙江通志》，文淵閣《四庫全書》第519-526冊。

（清）李志魯：乾隆《柘城縣志》，乾隆三十八年刻本。

（清）鄭珍、莫友芝：道光《遵義府志》，道光二十一年刻本。

（清）李藩、元淮：光緒《柘城縣志》，光緒二十二年刻本。

（清）張克誠著，蔣維喬等編：《張克誠先生遺著》，民國十一年鉛印

本，1922。

晋陽學刊編輯部:《中國現代社會科學家傳略》第四輯，太原：山西人民出版社，1983。

劉國銘:《中華民國國民軍政府軍政職官人物志》，北京：春秋出版社，1989。

張志哲主編:《中華佛教人物大辭典》，合肥：黄山書社，2005。

李崇智:《中國歷代年號考》，北京：中華書局，2006。

周川主編:《中國近現代高等教育人物辭典》，福州：福建教育出版社，2018。

附録一：《劉翰萍生平》（一九八四年稿本抄寫）

刘翰萍生平

刘君泽字翰萍，一九〇五年（光绪31年乙巳）正月十五日出生于峨眉东南泉水塘之农民家庭。其先自湖广入川定居于此，已十有四世，除其叔父庆云为一乡学教师外，不曾有过读书人。民国元年壬子，翰萍七岁，入慈云寺初级国民小学，继续读到民国八年（1919年）始进入高级小学肄业。盖清末民初，乡村兴设初级国民学校，名为公立，而其教学方式，仍多沿袭从前私塾旧习，并无多大改变。本来规定初小四年毕业，却因循敷衍，未遵规章，竟使翰萍在初小读了七年之久。在这段时期内，他在学校里初步学会写约百字左右文言文及四字、五字对联；在家里，看牧一隻耕牛，初步学会犁田、耙田、薅草等农活。

民国八年，翰萍已十四岁，始入峨眉东区中汪祠高级小学，三年毕业。当时，高小各科教本，购买十分困难，由学校买回几套，在每期开学第一周内，发给学生抄誊，以备全期阅

批号：7934 货号：37—225（京印80.4）

20×20＝400　　　　第 1 页

读和学习，翰萍当亦如此。学校有一本中国分省地图，此类图籍，更不易买到，一般高小学生也无力购买，翰萍向学校借来，按省分幅全部描绘下来。山川城镇，十分清晰，装订成册，亦甚可观，以其出自亲手蒙绘，故甚珍视，亲自保存多年。即此一端，已可见其在高小三年中勤奋学习之一斑矣。

高小毕业后，民国十一年（1922年）正月考入嘉定联合县立中学，经四年之愤勉学习，于民国十四年（1925年）冬毕业。

一九二六年上期，在家协助作农活，一边复习中学课程，是年暑期考入当时国立成都大学文预科，两年后升入成都大学文科本科，研习中国文学。正当翰萍在大学本科积极学习之际，家中主要劳动力长兄突然病逝，家庭经济顿受挫折，他几乎辍学。在本科读二年后，他自请休学一年，在峨眉县立中学任教，筹足学费，次年秋（1931年）复学。此后，由同学汪绍业、魏瀛东、朱贤能等资助，自己又经人介绍为成都一、三所中学部份学生评改作文，谋求报酬，

批号：7934 审号：37—225（成印80.4）

以助学费，大学四年课程，因此得以学满，于一九三三年暑期毕业。此时成都大学，已与成都师范大学及公立（省立）四川大学合併，改名为国立四川大学，翰萍即为国立四川大学第二届毕业生。

一九三三年下期，翰萍正式受聘为广汉中学国文教师。一九三四年回峨眉担任峨眉县立中学国文课程，一九三五年曾去泸州中学任教。一九三六年曾在乐山蔡嫣街何从周家作家庭教师，何氏子弟甚为刁顽，其父请老师严加督飭，期其学好，而学生则以“掏耳屎吃”威胁老师，翰萍不解，询之，学生答曰：“吃耳屎后，变成哑巴，我就不读书了。”翰萍覩此，以其太不可教，遂中途辞去。是年下期至三七年上期，在峨眉县简易师范学校任教，教国文，作级任一年。三七年下期任乐山县立中学教务主任，三八年上期至三九年上期作乐山县草堂寺小学教导主任，时私立凌云中学成立，他并兼管凌云中学男生部工作。三九年下期至四〇年上期在峨眉中学任教。四〇年下期至四一年下期，担任

批号：7934 书号：37—225(成印80.4)

20×20＝400

嘉属联中国文教学（时该校疏散在夹江杜公场）。一九四二年及一九四三年回家任峨眉燕岗乡中心小学校长，对学校校舍及教学多所整饬。四四年、四五年任峨眉县民众教育馆长。一九四六年春辞去民教馆长职，受聘作牛华溪震华中学国文教师。四六年下期至四七年上期，受聘作五通桥通材中学教务主任兼教国文。四七年下期受聘为四川省立乐山师范学校国文教师。在此期中，翰萍将其所著《峨眉伽蓝记》整理付印成书，在省立乐山师范学校教两期后，于四八年下期回峨眉，任峨眉县立师范学校教务主任兼授国文，直至四九年十二月峨眉解放止。解放后，一九五〇年春，峨眉县人民政府任翰萍为峨眉县立男子初级中学教导主任兼教语文。曾两次参加乐山全地区中学教师寒、暑假讲习班学习。

翰萍一生均在教育界工作，其为人颖悟敏思，正直不苟，不慕荣利，不阿权势；平居游息书林，优游涵泳，钩玄提要，含英咀华，学力之厚，于斯可征。其在学校工作中，责任感

批号：7934 货号：3T—225(成印80.4)

20×20＝400

第 4 页

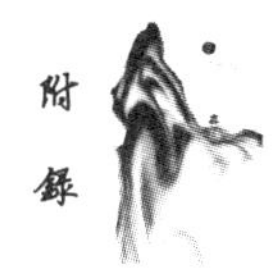

强，对人和悦，教材熟练，善诱循循，受其教者，多称誉之。

四十年代初，国民党政府令全国各县成立临时参议会，翰萍被推荐出任峨眉县参议员。约在四八年下年，经峨眉县民社党负责人汪德培之苦劝要约，参加峨眉县民社党。

一九三〇年秋，翰萍因家庭经济发生困难，自请休学一年，在峨眉中学担任历史课教学。是时太虚法师来朝峨眉山，说法于峨眉城东郊大佛寺，翰萍前往听讲，因闻法生信，便请经读之，初步理解佛家哲理。及一九三三年大学毕业，任教广汉中学，有机会读到张克诚先生遗著，又去礼拜新都宝光寺，请祥瑞法师开示，是为正式钻研佛学之始。于是渐次购置佛书十数种，有暇便读，《蜀高僧传》、《成唯识论》、《翻译名义集》以及有关佛教史与佛学理论之古今论著，均收罗在箱，朝夕究玩，终至理解并掌握佛教大小乘各派之理论系统，能讲述其精要。居常口诵《心经》与《金刚经》以自涵养身心，并以教人。其学生邹雪舫曾谓翰萍以佛家偈子"身

批号：7934 审号：37—225（成印80.4）

是菩提树，心如明镜台，时时勤拂拭，莫使惹尘埃”教育学生善自修身，勿染社会恶习，可见其以佛家修养之道应用于教育工作中也。

翰萍之钻研佛学也，非如憨愚居士之迷惑于枝节教义，笃志修行，以至灭顶其中而不能自拔。昔杨衒之行役北魏旧都洛阳（公元547年），见贵族王公耗费巨资所建佛寺，历经永熙丧乱，大半被毁，衒之感念废兴，因摭拾旧闻，追叙故迹，著《洛阳伽蓝记》一书，文章秾丽秀逸，北魏时佛教故实与洛阳佛寺之珍贵资料，赖以保存。翰萍诵其书而慕之。因念峨眉山为佛教圣地，寺院丛林，遍及全山，钟灵毓秀，德被人民，长育兹土，而昧于名山，不有记述，其何以对兹山之灵乎？于是从事搜集，于史于集之外，举凡《四川省志》、《华阳国志》、《嘉定府志》、《重庆府志》，以及乐山、峨眉、夹江、洪雅、丹棱、眉山、青神、犍为、峨边等十数县县志，几种峨眉山志，无不收罗遍览，详加稽考。其他如报章杂志，零星游记，凡有关峨眉者，辄录存之。又为证实胜峰古迹，订讹补

批号：7934 页号：37—225（成印80.4）

20×20＝400

第 6 页

幽，庄严名山，他蹑草履，持竹杖，携劄记，登山遊访，计共四度，凡寺庙之钟铭、磬引、佛背刊刻，僧家谱系，以及桥头之碣，栋梁之题，殿阁亭塔，铜佛塑像，经藏字画等，无不抚摩认读，或记其全，或撮其要；其于峨眉四乡寺庙，古老祠堂，均亲蒞查访，考覈参证，收罗之富，令人惊叹。资料齐集，即仿《洛阳伽蓝记》体例，以寺名篇，将所收资料，分隶各寺，整理成文，凡八十篇，四万五千余言，名曰《峨眉伽蓝记》，呕心沥血，阅时十载。书成，无力印出，乃得本县朱贤能、谢瑞书、杨瑞五、魏瀛东、万于一等大力资助，于一九四七年下半年由乐山诚报印刷部印出，共印一千册。先装订三百册，分赠乐山、峨眉等县图书馆、峨眉山各大丛林佛寺、川大图书馆，以及峨眉、乐山、夹江一带同学或同事，余约七百册，未及装订成书，全部寄放万于一在乐山开设之"万有药房"内（在土桥街），翰萍已回峨眉，无暇前往清理装订，解放后，"万有药房"女主人将此书视作废纸，裁作另售药品包装纸袋，全部废弃无遗，良可惜也。

批号：7934 货号：37—225(京印80.4)

三十余年来，峨眉山寺院，变化极大，或自然朽败，或全被拆毁，被焚被窃，所在多有，昔日之钟铭磬引，碑碣题刊，经藏字画，欲求其完好如初者，实难乎其难。翰萍之《峨眉伽蓝记》一书，也饱历沧桑，散佚殆尽。三年前，我求得峨眉山文管所之允许，手抄一本，资吾考究；峨眉县编修县志委员会，又费巨资，复印十册。若是，峨山佛寺之废兴，峨山高僧之业绩，寺庙建筑之技艺，菩萨圣迹之考证，不将于是书中觅得翔实之征验乎？至其文清新雅洁，言简意赅，庄严名山，亦云无愧。

翰萍对峨眉县及峨眉山之资料，收集十分丰富，于写成《峨眉伽蓝记》之外，尚著有《峨眉艺文志》。因欲先印《峨眉伽蓝记》，故将《艺文志》稿留存，另谋付梓。孰知突遭事变，身被毁，书被焚，《峨眉伽蓝记》尚因鲁壁而幸存一、二册，《峨眉艺文志》则已无法寻觅其踪影！余今再读《峨眉伽蓝记》，又写翰萍之生平事迹，于是对峨眉县文物，亦不无怆然之感焉。

刘君照识

批号：7934　货号：37—225（京印80·4）

20×20＝400

一九八四年三月十五日　页 8

李瑞瑜抄　2006年8月20日

附録二：《〈峨眉伽藍記〉作者劉君澤》（一九八五年稿本抄寫）

《峩眉伽蓝记》作者刘君泽

刘君泽字翰萍，峩眉县人，一九三三年夏毕业于国立四川大学中文系。先后在广汉中学、泸州中学，峩眉县中学，省立乐山中学，省立乐山师范学校任国文教员，及五通桥通材中学、牛华溪震华中学，乐山县立中学，峩眉县立师范学校任教务主任，还任过峩眉县燕岗乡中心学校校长及峩眉县民众教育館館长等职。解放后曾任峩眉男中（现峩眉二中）教导主任，不幸于一九五二年去世，年仅四十七岁。

刘翰萍于教学工作之余，钻研佛学，融会贯通，深得其中精髓。自三十年代中期至四十年代之十年间，独自游访峩眉山及峩眉县各乡寺庙多次，对于各大小寺庙之沿革，筑建，碑碣，古迹，藏经，僧家谱系及隐逸高人等，无不搜罗遍览，详加稽考；乃仿北魏杨衒之《洛阳伽蓝记》体例，写成《峩眉伽蓝记》一书，为文八十篇，计四万五千余字，请川大校长黄季陸先题签。于一九四七年下年由乐山《诚报》

20×20=100　　　第 1 页

ch050.50.8910

印刷部印出，共印一千册，先装订好三百册（未出售）分赠川大图书館，峨眉和等县图书館，峨眉山各大丛林佛寺，以及峨眉乐山夹江一带同学和同事。余七百册，未及装订成书，寄放乐山土桥街"万有药房"友人家，不久解放，药房女主人将此书视为废纸，裁作另售药品包装纸袋，全部废弃无遗。

据我所知，十年来，峨眉山文管所只从峨眉山各大寺庙收得《峨眉伽蓝记》三、四册，乐山市图书館尚幸存一册，余皆早成灰烬，现值盛世修志，峨眉山志，峨眉县志，乐山地区文物志都正着手编修，此不遗几册《峨眉伽蓝记》似乎成为必需参攷之珍本矣。

輪蓮在写《峨眉伽蓝记》之外，还写有《峨眉艺文志》，未及时印，解放后此稿全部散失，良可惋惜。

刘君照，（一九八五年七月廿八日述于乐山）

ch050.50.8910

（一九八五年十一月九日是四川大学八十周年纪念）于一九八五年七月廿一日已寄四川大学

20×20=400

第 2 页

李瑞瑜抄 二〇〇六年八月二十日